Angela Krumpen

Spiel mir das Lied vom Leben

Das Buch

Als Michael Emge ins Konzentrationslager kam, war er noch ein Kind. Ein Kind ist auch die Ausnahmegeigerin Judith Stapf, als sie mit elf Jahren auf YouTube nach Videos von ihrem großen Geigenvorbild Itzhak Perlman sucht – und die Titelmelodie zu Steven Spielbergs Film „Schindlers Liste" findet. Sie beginnt, sich für die Geschichte des Holocaust und seiner Überlebenden zu interessieren. Eines Tages treffen sich Judith und Herr Emge, der als Junge selbst Violine spielte, bis er von den Nazis gezwungen wurde, aufzuhören. Überleben konnte er nur, weil er auf Oskar Schindlers berühmter rettender Liste stand. Diese Begegnung ist der Beginn einer Geschichte, die beide verändern wird. Eine Geschichte voll Erinnerung, Schmerz, Hoffnung – und voller Leben. Die Journalistin Angela Krumpen hat diese Geschichte aufgeschrieben.

„Junge Menschen haben es heute so schwer, in ihrer geordneten Welt einen Zugang zu den fürchterlichen Geschehnissen im Zweiten Weltkrieg zu finden. Judith gelingt es dank ihrer Geige und der Freundschaft mit Herrn Emge, diese finsterste Ecke der deutschen Geschichte zu erkunden. Ich hoffe, dass viele junge Menschen dieses Buch lesen und verstehen werden."

Helmut Caspar von Moltke

Die Autorin

Angela Krumpen ist Radiojournalistin, Moderatorin und Autorin. Sie konzipierte beim *domradio* in Köln die Sendung „Menschen", die sie moderiert. Mit ihrer Familie lebt sie in Tönisvorst bei Krefeld. Sie ist Autorin zahlreicher Bücher.

Angela Krumpen

Spiel mir das Lied vom Leben

Judith und der Junge von Schindlers Liste

HERDER

FREIBURG · BASEL · WIEN

HERDER spektrum Band 6687

MIX
Papier aus verantwor-
tungsvollen Quellen
FSC® C083411

Verlag Herder GmbH, Freiburg im Breisgau 2011, 2014
www.herder.de

Umschlaggestaltung: Verlag Herder
Umschlagmotiv: © dpa Picture-Alliance

Satz: Dtp-Satzservice Peter Huber, Freiburg
Herstellung: CPI books GmbH, Leck

Printed in Germany

ISBN 978-3-451-06687-0

Für Jerzy und Judith

„Music is God. In difficult times you feel it,
especially when you are suffering."
(„Gott ist Musik. Das fühlst du in schlechten Zeiten,
besonders, wenn du leidest.")[1]

Alice Herz-Sommer

Dieses Buch ist auch gewidmet:

Unseren Kindern
Sebastian (Jerry) und Bastian
Fabian und Bennie
Ulrich, Matthias, Hannah, David und Benedikt
Peter und Alex
Mirjam,

den Freunden unserer Kinder,
den Kindern unserer Freunde
und ihrer ganzen Generation,
weil sie schon bald keine Zeitzeugen
mehr werden fragen können.

Inhalt

Prolog

Strahlend blauer Himmel. Ein Elektrocaddy, so wie sie auf Golfplätzen umher fahren oder von Touristen zu bequemen Stadtbesichtigungen genutzt werden, bringt einen alten, kranken Mann und ein junges Mädchen weit in ein Gelände. An einer Treppe halten sie. Der alte Mann steigt aus, er erkennt den Ort wieder. Erinnerungen überwältigen ihn, bitterlich fängt er an zu weinen. Das Mädchen bleibt an seiner Seite. Erschrocken, aufmerksam, mitfühlend.

Die Sonne wärmt schon an diesem wunderschönen Frühlingstag, Ende April 2010 in Polen. Als sei nichts gewesen, recken Löwenzahnblumen selbstbewusst ihre gelben Blüten in die leuchtend grünen Grasflächen, sie stören sich nicht an den rostigen Stacheldrahtzäunen, grauem Asphalt oder an dem Fuß des schwarzen Galgens. Wie vergessen ragt der in den Platz, befreit von seiner tötenden Schlinge. Immerhin. Vor dem Gelände steht ein weißer, hoher, akribisch restaurierter Torbogen mit Schindeldach. Hierdurch hat das Elektrocaddy den alten Mann und das junge Mädchen gefahren. „Arbeit macht frei" ist weithin und sehr ordentlich zu lesen.

Einleitung:
Judith und der Junge von Schindlers Liste

„Ich muss doch verstehen, um spielen zu können." Jede Geschichte fängt irgendwo an: Und mit diesem Satz beginnt diese Geschichte. Gesagt hat ihn Judith, zehn Jahre alt war sie da. Sie hatte im Internet nach ihrem großen Geigenvorbild Itzhak Perlman gesucht. Und stieß bei YouTube als erstes auf ein Video, in dem er als Solist die Filmmusik von Schindlers Liste mit Orchester spielt.[2] „Ist das schöne Musik, die will ich auch spielen", war Judiths erste Reaktion. „Warum ist das Publikum so gerührt?", die zweite. Tja, warum sind die Menschen so gerührt? Die Antwort darauf fiel nicht so schwer, das kann man auch einem Kind erklären: „Die Menschen im Publikum sind so gerührt, weil Itzhak Perlman gerade die Filmmusik des berühmten Films ‚Schindlers Liste' von Steven Spielberg gespielt hat. Ein Film über den Holocaust, die systematische Vernichtung von Juden in ganz Europa durch die Deutschen im Zweiten Weltkrieg." Aber damit war Judith nicht zufrieden: „Ich will das Stück spielen! Aber doch nicht nur die Noten. Ich will wissen, worum es geht. Ich muss doch verstehen, um spielen zu können!"

Immer schon war Judith furchtbar hartnäckig. Als sie zwei Jahre alt war, wollte sie Geige spielen lernen. Zu früh, fanden die Eltern, die beide Musiker sind: „Einen gescheiten Geigenunterricht bekommst du auch noch mit sechs Jahren." Judith aber hat für so ein kleines Wesen eine geradezu atemberaubende Beharrlichkeit an den Tag gelegt. Ein halbes Jahr später hatte sie immer noch nicht aufgehört, eine Geige einzufordern. Und als eine Kollegin der Eltern, eine Elementarpädagogin, von Judiths beharrlichem Wunsch erfuhr, redete sie ihnen ins Gewissen: „Wenn ein so kleines Kind so lange etwas einfordert – dann müssen Sie darauf eingehen!" Judith war drei, als sie eine Pappgeige bekam. Und ihr damit die Probe noch bevorstand, wie ernst es ihr war – schließlich machte diese „Geige" keine Töne. Sie war dafür da, dass die kleinen Finger sich an das Halten einer richtigen gewöhnen konnten. Judith bestand die Probe, und zum Nikolaus bekam sie ihre ersehnte Geige, ein Sechzehntel von einer großen. Schnell zeigte sich ihr Talent, schnell auch, wie beharrlich und ausdauernd sie dranblieb. Für die Eltern begann eine Auseinandersetzung, die bis heute andauert: wie behütet man ein solches Kind am besten? Wie viel Raum kann, soll, muss diese massive Forderung nach Förderung bekommen? Die Umwelt war wenig hilfreich. Von allen Seiten gab es vor allem Widerstand: „Ihr stehlt dem Kind die Kindheit, egoistische Eislaufeltern, die ihr seid", rief die eine Fraktion, die der meisten Eltern, Erzieher, später Lehrer rundherum. „Ihr verschwendet das Talent des Kindes", sagten die anderen, die, die Judith schon im Vorschulalter von Professoren unterrichtet sehen wollten, die, die Judiths Teilnahme an einem normalen Schulleben als bloße Zeitverschwendung geißelten. Dazwischen suchten die Eltern ihren Weg. Und fanden ihn, indem sie vor allem auf Judith schauten.

Das also ist Judith. Die Geschichte aber erzählt von „Judith und dem Jungen von Schindlers Liste". Dieser Junge ist heute ein alter Mann, von Krankheiten gebeutelt, aber mit großer Unbeugsamkeit gesegnet. Er war neun Jahre alt, als Adolf Hitler Polen überfiel und der Zweite Weltkrieg begann – das Ende seiner Kindheit und das Ende einer vielversprechenden Geigenzukunft. Und erst der Anfang von unermesslichen Verlusten: Er hat seine ganze Familie, Vater, Mutter, Bruder und 62 weitere Familienmitglieder verloren. Ermordet. Alle. Bei seiner Befreiung war der Junge 15 Jahre alt und wog 27 Kilo. Er musste seinen Weg ins Leben finden, irgendwie. Und hat sich oft gefragt, wozu er das alles überlebt hat. Schon als kleiner Junge hatte er angefangen zu geigen, wer weiß, wohin er auf diesem Weg gelangt wäre, hätten die Nazis ihm nicht alles genommen, auch die Geige natürlich. Trotzdem ist er nach dem Krieg Geiger geworden und hat in einem Rundfunkorchester Arbeit gefunden. Bis das Leben ihn schon wieder zwang, seine Pläne aufzugeben, um sich und seine eigene, neue, kleine Familie durchzubringen. Jahrzehntelang ging es nur darum. Von der Vergangenheit hat er so gut wie nicht erzählt.

Erst rund 50 Jahre nach dem Krieg sollte sich das ändern, erst, als Steven Spielberg seinen später Oscar-gekrönten Film „Schindlers Liste" in die Kinos brachte – und damit Oskar Schindler ins Rampenlicht, jenen Fabrikanten in Krakau, der gegen Ende des Krieges durch List und Bestechung mehr als tausend in seiner Fabrik angestellte Juden rettete. Einer von ihnen war noch ein Junge. Seine Mutter hatte in der Fabrik gearbeitet. Vielleicht war er deswegen auf die Liste gekommen. Jedenfalls stand er darauf. Und anders als sein Bruder, der auch auf der eigentlich lebensrettenden Liste stand, hat er tatsächlich überlebt. Als Spielbergs Film in die Kinos kam, wollte und konnte der Junge von damals nicht mehr schweigen. Zu groß war sein Ärger über das, was der Film zeigt. Und was er nicht zeigt. Als er einem bekannten jüdischen Schriftsteller seinen Zorn klagte, antwortete der lakonisch: „Solange Sie nicht selber reden, solange müssen Sie aushalten, was andere über Sie sagen." Wut und Ärger waren groß genug; der Junge von Schindlers Liste fing an, vor Schulklassen und bei Veranstaltungen von seinem Erleben zu berichten. Außerdem hatte er Mut und Kraft, und beides brauchte er als Zeitzeuge, nur so konnte er es auf sich nehmen von Verrat, Folter, Demütigung, Schmerzen, Verlust und Schindlers Liste zu erzählen. Und nur so konnte Judith ihn finden.

Wenn er erzählt, öffentlich erzählt, nennt er sich heute Michael Emge. Dieser Name steht nicht auf der berühmten Liste. Aber er braucht ihn, weil er, nachdem er zunächst unter seinem wahren Namen in die Öffentlichkeit ging, Drohanrufe und -briefe bekam. Unsägliche, braune, neonazistische Post. Er brauchte (und braucht bis heute) eine geheime Telefonnummer, eine Geheimadresse. Er geht weiter in die Öffentlichkeit, nur eben als Michael Emge.

So lernte ich ihn kennen, als Gast in einer Radiosendung. In einem Live-Gespräch erzählten wir seine Geschichte. Wir saßen in einem Studio ganz nah am Kölner Dom, donnerstags am späten Vormittag. Um zwölf Uhr endete die Sendung. Und ebenfalls mittags um zwölf, am selben Tag und ganz in der Nähe, war auch Judiths Aufnahmeprüfung an der Kölner Musikhochschule zu Ende. Ich wusste von Judiths großem Wunsch, jemanden kennenzulernen, der „das Schlimme", wie sie den Holocaust zu der Zeit nannte, selbst erlebt hat. Sie hatte so viele Fragen, die noch so viele Bücher nicht würden beantworten können. Die Antworten, so hoffte sie, würden sie dem Verstehen und damit der Musik näher bringen. So nah, dass sie durch das Verständnis endlich selbst mit der Geige von dieser Zeit erzählen könnte.

Es war leicht, diesen Wunsch ernst zu nehmen. Judith greift über die Musik auf die Welt und das Leben zu. Was sich ihr dabei erschließt, fließt als Einsichten und Gefühle in ihrer Musik zur Welt und den Menschen zurück. Ihre aufrichtige Frage zielte also auf das Leben selbst, indem sie feststellte: „Ich muss doch verstehen, wenn ich spielen will." So trug ich ihren Wunsch weiter, zu Michael Emge. Der war skeptisch – Judith sei noch so jung.

Schließlich aber willigte er doch ein, sie zu treffen. Und sie lernten sich kennen, das junge Mädchen und der alte Mann. Eine Generation am Anfang, eine am Ende ihres Lebens. Und doch begegnen sich zwei Gleichaltrige: „Michael" war, als er „das Schlimme" erleiden musste, so alt wie es Judith heute ist.

Und schließlich begegnen sich in ihnen auch zwei Geiger, zwei Musiker. Was als Geschichte Judiths anfing, wurde zur Geschichte von zwei Menschen, wurde die Geschichte ihrer Begegnung.

Geschichten haben ihr eigenes, eigenwilliges Leben, wachsen wie sie wollen. Diese hier wurzelt in der Hölle. Ihre Blüten streben himmelwärts.

Wie alles beginnt

Mein Leben auf der Kinoleinwand

חַיִּ*Das Licht im Saal geht aus. Die Filmvorführung beginnt. Ein Streichholz entflammt ein kleines Licht im großen Dunkel. Eine fromme jüdische Familie zündet die Sabbatkerzen an. Was wird mich auf der Leinwand erwarten? Was werde ich zu sehen bekommen? Meine Geschichte, mein Leben? Wird es wirklich um das gehen, was ich als Kind erlebt habe? Wie unwirklich das ist. Steven Spielberg, der große Regisseur, hat meine Geschichte verfilmt. Überall auf der Welt werden die Menschen sehen, was damals in Krakau, im Ghetto, im Konzentrationslager in Plaszów passiert ist. Wer wird Amon Göth spielen? Wer Oskar Schindler? Wer den großen Itzhak Stern, den besten aller Schindler-Juden, der, den ich am meisten geliebt habe? Die wunderbaren Geigenklänge von Itzhak Perlman besänftigen meine angespannten Nerven, meine aufgewühlte Seele, aber die kreischenden Gespenster der Erinnerung sind lauter. Angst und Erinnerungen tragen mich davon. An den Ort, von dem Spielbergs Film erzählt, dahin, wovon ich Jahrzehnte lang geschwiegen habe, zu den Qualen meiner Kindheit.

17. Juni 2008

Heute hatte ich Aufnahmeprüfung an der Kölner Musikhochschule. Endlich! Jetzt ist es vorbei: ich habe es geschafft. Jetzt bin ich Studentin an der Musikhochschule. Zuerst war ich unglaublich nervös – aber als ich den Bach ge-

---

*חַיִּ Chaim heißt auf Hebräisch „Leben".

spielt hatte, nicht mehr. Direkt als ich aus dem Vorspielsaal herausgekommen bin, sind wir von der Musikhochschule zum Radio gegangen. Wir waren mit Angela verabredet. Angela ist Radiojournalistin und hatte in ihrer Sendung gerade einen Holocaustüberlebenden zu Gast. Einer, der nur überlebt hat, weil er auf Schindlers Liste stand. Schon lange wollte ich jemanden kennen lernen, der das Schlimme von damals erlebt hat. Angela wusste das – deshalb hat sie den Mann gefragt, ob ich ihn kennen lernen darf. Mein Herz hat total geklopft, als wir vor dem Studio gewartet haben. Und dann kam er. Ganz finster hat er mich angeschaut. Oder misstrauisch? Ich weiß nicht. Angela hat uns erst mal vorgestellt. Und dann hat er mich gefragt: „Warum willst du das denn wissen? Du bist doch sehr jung dafür. Wie alt bist du? Elf, oder?" Im ersten Moment wusste ich gar nichts zu antworten. Ich will doch nur wissen, was damals passiert ist. Von jemandem, der es erlebt hat. Dann habe ich mir ein Herz gefasst – und gesagt: „Ich hab schon viel über die Zeit gelesen. Aber ich will davon nicht nur lesen. Ich will mit jemandem sprechen, der selbst im KZ war. Ich habe so viele Fragen – und die will ich jemandem stellen, der das alles selbst erlebt hat." Es gab eine lange Pause. Ganz direkt hat Herr Emge mir in die Augen geschaut. Ich habe immer gedacht: das muss ich aushalten, das muss ich einfach aushalten, und habe ganz fest zurückgeguckt. Immer weiter. „Okay. Wir können das versuchen." Mir ist ein Stein vom Herzen gefallen. Wir sind erstmal in ein Café in der Nähe gegangen. Unter einem Baum haben wir in der Sonne gesessen und erzählt. Immer noch war Herr Emge ganz verschlossen zu mir. Meine Eltern haben von der Aufnahmeprüfung erzählt. Herr Emge hat auch mal Geige gespielt! Er wollte alles wissen, welche Stücke ich für die Prüfung gespielt habe und so. Ich habe mich nicht getraut viel zu sagen, aber ich habe ihn die ganze Zeit nicht aus den Augen gelassen. Immer habe ich gedacht: wie war er wohl als Kind? Und wie war das im Lager? Meine Mutter hat Herrn Emge gefragt, wann er mit der Geige angefangen hat. Und dann hat er gleich erzählt: als Kind. Genau wie ich. Sogar im Ghetto hatte er Unterricht. Aber wenn die Juden ins KZ kamen, mussten sie sich ja ganz ausziehen und durften nichts mitnehmen, nicht die eigenen Kleider und eine Geige sowieso nicht. Mama hat mir zur Feier des Tages einen Espresso erlaubt, weil ich den sooo gerne trinke. Die Bedienung hat ganz komisch geguckt und Mama noch mal gefragt, ob ich das wirklich schon darf. Da hat Herr Emge gelacht und gesagt: „Richtig so, du musst das Leben genießen." Wir haben uns verabredet: ich darf ihn wieder treffen! Dafür kann ich vorher alle meine Fragen aufschreiben! Als wir zur Musikhochschule zurückgegangen sind, habe ich unterwegs gedacht: wenn ich jetzt nicht aufgenommen bin, dann ist es auch nicht so schlimm. Schlimm, wirklich schlimm, sind ganz andere Dinge gewesen. Dabei konnte ich vorher an gar nichts anderes denken und es wäre das Allerallerallerschlimmste gewesen, was ich mir hatte vorstellen können. Trotzdem, schlimm ist echt was anderes. Als ich gehört habe, dass ich einstimmig angenommen worden bin, habe ich mich aber doch total gefreut.

Juli

Neben dem Bücherregal im Wohnzimmer liegt immer noch die DVD von „Schindlers Liste". Ich darf sie nicht gucken. Obwohl ich ganz unbedingt will! Ich kenn' die Geschichte doch schon. So hat ja überhaupt erst alles angefangen. Bei YouTube habe ich nach Itzhak Perlman gegoogelt. Itzhak Perlman ist mein allerliebster Lieblingsgeiger. Den finde ich soo toll! Ich weiß noch genau, wie ich ihn das erste Mal gehört habe: ich war gerade in die Schule gekommen, da hat Papa eine CD aufgelegt. Itzhak Perlman hat die Geige gespielt – und ich hatte noch nie jemanden so geigen gehört. Noch nie habe ich so deutlich gefühlt, was jemand spielt. Es war so, als spiele er nur für mich, die Musik hat mich ganz in sich aufgesogen. Am meisten beeindruckt hat mich, wie sein Ton klingt: ganz warm. Das, genau das, will ich auch lernen, so soll es klingen, wenn ich Geige spiele! Seitdem ist Itzhak Perlman mein ganz, ganz großes Geigenvorbild. Einmal habe ich ihm geschrieben. Alle, vor allem meine Geigenlehrerin, haben mich gewarnt: „Judith, mach das, wenn du unbedingt willst, aber mach dir um Gottes Willen keine Hoffnung, dass du eine Antwort bekommst." Itzhak Perlman sei bekannt dafür, dass er nie antworte. Aber das stimmt nicht, jedenfalls nicht bei mir. Er hat mir geantwortet. Eines Tages kam ich nach der Schule nach Hause und Mama schaute mich so schelmisch an. Sie hatte einen Brief in den Händen – sofort habe ich gesehen, dass ein blauer „airmail"-Aufkleber darauf klebte. Itzie (so nenne ich Itzhak Perlman heimlich immer) hatte mir geantwortet. Mir! Mir! Mir…. Ich bin vor Freude einmal um den Esstisch getanzt und habe Mama stürmisch umarmt. Die hat sich mit mir gefreut. Dann haben wir uns hingesetzt, ganz feierlich, ich habe ein Messer aus der Buffetschublade hinter mir genommen und ganz, ganz vorsichtig das Kuvert geöffnet. Tatsächlich: Itzhak Perlman hat mir geschrieben. Eine Autogrammkarte war in dem Brief. Mit einem neuen Bild von ihm. Als nachmittags ein Schüler von Mama kam, der viel mit internationalen Musikagenturen zu tun hat, hat er gestaunt: „Judith – diese Karte ist ganz selten, auf die musst du gut aufpassen." Was für ein Quatsch, als wenn mir irgendjemand so was sagen müsste, natürlich passe ich super gut darauf auf – Erwachsene! Wenn es mal brennt, hole ich das Bild (jetzt hängt es gerahmt über meinem Schreibtisch) direkt nach der Geige aus dem Zimmer! Itzhak Perlman hat sogar etwas auf den Rand geschrieben. „Dear Judith! Practice slowly! Best wishes, Itzhak Perlman" hat er geantwortet. So sehr ich mich über die Autogrammkarte gefreut habe – dass ich langsam üben soll, finde ich schwierig. Mama zitiert es auch noch immer, sie sagt immer: „Practice slowly!", wenn ich ein neues Stück spielen will, das meine Lehrerin noch gar nicht erlaubt … Immer soll ich war-

ten, warten, warten. Aber nach dem Brief wollte ich erst recht alles spielen, was er auch gespielt hat. Als ich zehn war, habe ich mal mit Papa zusammen bei YouTube Videos mit Itzhak Perlman gesucht. Gleich das erste war „Schindlers Liste". Was das war, wusste ich damals noch nicht. Aber die Musik war so wunderschön! Trotzdem habe ich mich gewundert: warum waren alle im Publikum so gerührt? Einige haben geweint – einige haben ganz glücklich ausgesehen. Das fand ich seltsam und ungewöhnlich. Was hat die Menschen so sehr bewegt? Mein Vater wollte mir erst nicht richtig antworten. Erst als ich nicht lockergelassen habe, hat er doch erzählt. Von Hitler und dem Zweiten Weltkrieg hatte ich natürlich schon gehört. Dass die Juden verfolgt und Millionen von ihnen ermordet wurden, auch. Aber die Geschichte von Oskar Schindler, der versucht hat, die Juden, die in seiner Fabrik angestellt waren, zu retten, die kannte ich nicht. Ich wusste auch nicht, dass es einen Film über diese Rettung gibt und dass die Filmmusik für Itzhak Perlman geschrieben worden ist. Direkt neben dem Video stand noch eines mit dem Titel Schindlers Liste. Das war der Trailer zu dem Film. Ich habe zu Papa gesagt: „Komm, lass uns mal schauen." Das haben wir dann auch gemacht, aber nur ganz kurz. Papa hat fast sofort wieder ausgemacht: „Ich will nicht, dass du das schon siehst." Das kurze Stück vom Trailer war auch gruselig. Aber ich wollte die Musik spielen! „Wie soll ich denn die Musik spielen, wenn ich nicht weiß, was passiert ist?" habe ich geschimpft. „Lass mich doch den Film gucken!" Mama ist hart geblieben, bis heute: „Der Film ist ab zwölf. Vorher siehst du ihn auf gar keinen Fall. Und ob du ihn dann siehst, das schauen wir mal. Bilder sind einfach etwas ganz anderes. Diese Bilder kommen zu früh!"

Später haben wir in einem Café nach der Schule noch mal darüber geredet, als wir auf meine Geigenstunde gewartet haben. „Als mich das Thema interessierte, war ich etwas älter, als du heute bist. Sechzehn oder siebzehn oder so. Damals habe ich das „Tagebuch der Anne Frank" gelesen. Wenn du

willst, dann gebe ich dir mein Exemplar." – „Oh, darf ich?"
Natürlich wollte ich. Zu Hause haben wir das Buch gleich
aus Mamas Mädchenbüchern rausgesucht. Und sobald ich
Zeit hatte, habe ich es gelesen. Es war spannend und traurig.
Bis Anne dann älter wurde und die Stellen kamen, wo Anne
sich in Peter verliebt hat. Davon wollte ich irgendwie nichts
wissen.

An dem Abend habe ich gehört, wie Mama mit Papa über
mich und mein Interesse am Holocaust gesprochen hat. „Ich
bin total darüber erschrocken, dass Judith das alles so früh
wissen will. Am liebsten würde ich es abwiegeln, sie beschwich-
tigen. Sagen, dazu bist du noch zu klein." – „Du kennst Judith,
abwiegeln hat noch nie geklappt, wenn sie etwas so sehr
wollte. Du hättest sie vor dem Computer erleben sollen, als
wir zusammen Itzhak Perlman gehört haben. Sie war wie
weggebeamt, völlig gebannt." – „Aber dir ist es doch auch zu
früh!" „Ja, ist es. Ich sehe aber nicht, wie wir sie davon abhalten können." – „Wenn sie aber wirklich schon wissen will,
dann auch richtig. Dann darf sie nicht abgespeist werden mit
‚Ach, so schlimm war es auch wieder nicht.'"

Zu Weihnachten hat mir mein großer Bruder die Noten von
der Filmmusik geschenkt. Er kann toll arrangieren. Er hat sich
die Musik auf YouTube angehört und für mich aufgeschrieben. Gleich, noch an Weihnachten, habe ich angefangen sie zu
üben. Als ich nach den Ferien damit zu meiner Geigenlehrerin
kam, war die aber alles andere als begeistert: „Das bringt dich
technisch nicht weiter. Du musst systematisch dein Repertoire
aufbauen. Mit solchen Stücken verschwendest du deine Zeit",
hat sie gesagt. Da habe ich das Stück von John Williams eben
zusätzlich geübt. Wie kann es falsch sein, etwas so Schönes zu
spielen?

Die Schatten ziehen herauf

Preußische Disziplin und Wiener Charme

חיי Wir waren eine bürgerliche Familie. Nicht reich, aber so vermögend, dass wir keine Existenzsorgen hatten. Mein Vater war Ingenieur, das war vom Status fast wie ein Beamter. Meine Mutter war die Geschäftsführerin in unserem Familienunternehmen. Mein Vater hatte in Krakau Arbeit gefunden, er sollte eine Brücke bauen, als meine Mutter mit mir schwanger war. So sind sie von Leipzig nach Krakau gezogen und dann dort geblieben. Die Brücke gibt es heute noch.

Mein Bruder Ottek wurde vier Jahre vorher, noch in Leipzig, geboren. Er war ganz anders als ich: er hat viel und gerne geschrieben. Er war der Literat, der Philosoph unter uns. Mein Bruder war ein ruhiger Typ, fast ein Träumer. Ich war sehr lebhaft. Dafür war ich immer krank, alle, aber auch alle Krankheiten habe ich bekommen. Wie oft habe ich meine Mutter sagen hören: „Wie hält er das aus?" Aber ich habe dabei gelernt zu kämpfen – ich habe alle Krankheiten besiegt!

Meine Mutter kam ursprünglich aus Wien. Oh, meine Mutter! Sie war klug – und bildhübsch. Dunkle Haare, dunkle Augen, eine richtig tolle Figur. Sie konnte sehr streng sein, vor allem, wenn es ums Arbeiten und das Erledigen von Aufgaben ging. Aber sie hatte so ein großes, weites Herz. Wir haben mit Porzellan und Kristall gehandelt. Sie hatte den sprichwörtlichen Wiener Charme und war die geborene Geschäftsfrau. Mein Vater hingegen hatte eine geradezu preußische Disziplin. Wir Kinder hatten sozusagen von jeder der beiden Kulturen etwas. Und bei uns im Haus hingen immer zwei Porträts: auf der einen Seite Kaiser Franz Josef und daneben der polnische Staatspräsident Pilsudski, der 1918 die Führung Polens übernommen hatte. Mutter sagte immer: „Der Kaiser ist der Beste, den man sich vorstellen kann", und Vater: „Pilsudski hat die Russen zum Teufel gejagt und außerdem ist er ein Philosemit". Meine Eltern hingen nicht nur zwei unterschiedlichen Staatsmännern und zwei unterschiedlichen Staaten an, sondern auch zwei Religionen: mein Vater war mosaisch, meine Mutter katholisch. Doch meinen Vater ließ seine jüdische Religion eher kalt, im Grunde war er ein Atheist; meine Mutter war eine gläubige Katholikin, ohne fanatisch zu sein. Vater und Mutter besaßen eigene Plätze sowohl in der Kirche als auch in der jüdischen Synagoge. Das war aus finanziellen Gründen längst nicht allen Gemeindemitgliedern möglich – aber meine Eltern konnten es sich leisten. Meine Mutter sprach perfekt Hebräisch und kannte alle Gebete und Sitten und Bräuche. So konnte sie in der Synagoge mitbeten.

Mich hat es nie gestört, in zwei Religionen erzogen worden zu sein – im Gegenteil, es hat mir im Leben viel geholfen. Meine Mutter sagte dazu nur: „Es ist immer besser, mehr zu wissen." Ich habe keine Berührungsängste, kann mich in beiden Religionen verhalten. Für uns Kinder war es sowieso schön, wir durften immer alle Feste feiern, hatten die jüdischen und die katholischen Feiertage. Ostern und Weihnachten waren immer viele Gäste da – und das Gleiche zum jüdischen Neujahr. Mir fiel nur auf, was passierte, wenn wir Kinder untereinander Streit hatten. Passierte es unter uns jüdischen Kindern, dann war ich auf einmal der „Schajgec". Schajgec hießen die Christen, aber es war ein abfälliges Wort, eine Beleidigung. Spielte ich mit den polnischen Kindern und wir gerieten dabei in Streit, dann riefen sie mich „Judke", und das war auch eine Beleidigung. Es bedeutet so was wie Abschaum. Aber es fiel mir nur auf, ausgemacht hat es mir nichts. Wenn der Konflikt vorbei war, spielte es auch keine Rolle mehr. Im Gegenteil – als Kind fand ich es einfach interessant. Es machte mir schon klar, dass ich anders war als die anderen. Interessant war dabei zu merken, wie, wann und warum ich das Anderssein zu spüren bekam. Meine Eltern haben sich aber nie als Juden begriffen – deswegen haben sie auch keine Angst gehabt.

Im Grunde genommen haben mich solche Sachen damals nicht interessiert. Meine Sorgen beschränkten sich darauf, ob mir die Haushälterin gekochte Milch zum Frühstück servierte. Ich hasste gekochte Milch! Ich wollte einfach machen, was alle Kinder tun wollen: barfuß laufen, aus der Flasche trinken, Wurst am Stück essen. Das durfte ich natürlich nicht, darüber musste Else, mein Kindermädchen, wachen. Wegen meiner Schwäche und meiner Krankheiten war sie für mich da. Else kam aus dem Elsass und war wie eine Schwester für mich. Sie hat immer versucht, mich zu beschützen – und von Etikette hielt sie zum Glück gar nichts. Ich weiß noch, meine Mutter hatte Geburtstag. Ich musste von draußen reinkommen und mich umziehen. Im Sonntagsstaat sah ich aus wie eine Schaufensterpuppe. „Komm, eine Stunde musst du aushalten. Das schaffst du!", versuchte Else meine abgrundtief schlechte Laune zu mildern. „Und jetzt ab in den Salon zum Empfang." Mir war langweilig – und meine Mutter war schrecklich wütend auf mich. Ich wusste nicht, warum, aber Else hat es am nächsten Tag herausgefunden. Die Cousine hatte von mir keinen Handkuss zur Begrüßung bekommen. Else sollte mir endlich beibringen, Gäste richtig zu begrüßen. Zwei Wochen Hausarrest hatte ich deswegen.

Wie ein Wunderkind entdeckt wird

Eines Tages, ich war fünf oder sechs, waren wir zu Gast bei einem Onkel. Ich war ein neugieriges Kind. Im Salon lag diese Geige auf dem Tisch. Die Ornamente aus Perlmutt auf dem schwarzen Geigenkasten funkelten, schimmerten und glänzten – wie magisch zog mich der Kasten an. Atemlos habe ich ihn geöffnet, die Geige herausgenommen, unters Kinn gelegt, den Bogen in die rechte Hand, und los ging es. Keine Ahnung, wie das geklungen haben mag. Alles um mich herum habe ich vergessen, völlig versunken in mein erstes „Konzert". Bis auf einmal mein Onkel im Türrahmen stand und sagte: „Die erste Melodie war sehr gut, die zweite falsch." Wie Feuer schoss es mir ins Gesicht: „Verzeih, Onkel, verzeih. Das hätte ich niemals...", stammelte ich. Aber der Onkel hörte mich gar nicht: „Du hast ein großes Talent, du wirst Musiker werden." Mein Onkel war selber Musiker, er spielte fünf Instrumente, die Geige war sein Hauptinstrument. Er hat Konzerte gegeben, war international unterwegs. „Pass auf, deine Mutter wird sagen: Musiker, das ist ein Bettlerberuf. Stör dich nicht dran! Dein Vater muss dir jetzt schnell eine Geige besorgen. Jede Minute, die du nicht spielst, ist verlorene Zeit." Sehr schnell habe ich dann eine Geige, eine extra Kindergeige, bekommen. Und ich bekam einen Privatlehrer in einer kleinen Stadt, etwa 40 Kilomenter von Krakau entfernt: Bochnia. Wenn schönes Wetter war, ist die ganze Familie zu einem Ausflug dorthin mitgekommen: man konnte im Fluss baden, barfuß laufen, und so weiter. Mein Lehrer war von mir begeistert, und meine Eltern haben schon große Pläne geschmiedet: Musikschule, Konservatorium, Konzerte. Aber leider ist ja alles anders gekommen.

Erste Schrecken

Was kam, war der Zweite Weltkrieg. Am 1. September 1939 hat Adolf Hitler Polen überfallen. Schon fünf Tage später haben deutsche Truppen Krakau besetzt, und Krakau wurde Hauptstadt des Generalgouvernements für die besetzten polnischen Gebiete. Für mich aber blieb erst mal alles ganz normal. Ich hatte Geigenunterricht und ging zur Schule. Wir hatten zwar schon davon gehört, dass Juden diskriminiert und auch aus Wohngebieten vertrieben wurden – aber uns schien das nicht zu betreffen. 1939 durfte ich noch einmal Weihnachten feiern, der Duft von Plätzchen und Kerzenwachs zog durchs

Haus, ein wunderschöner, großer Baum erstrahlte, wir haben alle zusammen gesungen, ich habe Geige gespielt, es gab Geschenke und wunderbares Essen. Damals wusste ich es natürlich nicht – aber es war das letzte Fest meiner Kindheit, es schenkte mir eine letzte unbeschwerte Erinnerung. Boten des nahen Unheils hatten uns allerdings schon erreicht: kurz nach meinem zehnten Geburtstag, im November 1939, wurde der „Judenstern" im ganzen Generalgouvernement eingeführt. Meine Mutter war eine Rebellin. Sie hat gesagt. „Keiner von euch wird eine Binde tragen. Und wenn, dann trage ich auch eine." Es hat nicht lange gedauert, da haben Vater und Mutter die Binde getragen. Meine Mutter hat bei Straßenkontrollen große Probleme bekommen: Sie hatte ein „a. k." im Personalausweis: „arisch katholisch". Außerdem war auch noch „Wien" als Geburtsort eingetragen. Wenn sie alleine unterwegs war, wurde sie für verrückt gehalten, mit meinem Vater zusammen als jüdische Hure beschimpft.

Allmählich traf es auch uns Kinder: ältere polnische Kinder haben jüdische Kinder verprügelt, deutsche und polnische Kinder standen dabei und haben geklatscht. Der erste Schock traf mich Ende Februar, Anfang März 1940. Wie immer bin ich zur Schule gegangen. Aber der Lehrer sagte: „Du darfst nicht mehr in die Klasse kommen." Es gab ein neues Gesetz, jüdische Kinder und Kinder jüdischer Abstammung durften keine polnischen Schulen mehr besuchen. Ich lief nach Hause. Mein Vater sagte: „Jetzt fängt es an." Und es fing an: Wer ohne Davidstern erwischt wurde, wurde sofort erschossen. Es gab eine regelrechte Hetzjagd. Und weil die Deutschen nicht wussten, wer Jude war und wer nicht, haben die polnischen „Freunde" viel geholfen. Wir alle haben schnell begriffen: jetzt kommen sehr schlechte Zeiten.

Mittlerweile lebten wir im offenen Ghetto, hatten viel weniger Kontakte, nur noch mit Menschen, denen wir hundertprozentig vertrauen konnten. Meine Eltern haben sich tapfer gehalten, meine Mutter hat Lebensmittel organisiert. Aber die Lage wurde mit jedem Tag schlechter. Am letzten Tag als das Ghetto noch offen war, hatte Mutter mich ganz früh, um sechs Uhr schon, Brot holen geschickt, in einer Bäckerei auf der arischen Seite. Es war noch dunkel, als ich ankam. In der Ecke saß ein Mann in einer SA-Uniform, ein ehemaliger polnischer Nachbar. Er hatte mich gesehen, es war zu spät zum Weglaufen. Der Mann hat mich am Kragen genommen: „Nach dem Gesetz müsste man dich sofort erschießen. Aber wir sind ja keine Barbaren." Er trat mich aus dem Laden: „Verschwinde!" Ich weinte – nicht wegen der Tritte, sondern weil ich kein Brot nach Hause bringen konnte. Mein Vater tobte: „Der schuldet mir bis heute noch zehn Zlotys. Die waren so arm, und ich Idiot habe ihnen geholfen." Meine Mutter tröstete mich: „Mir wird etwas einfallen." Später sah ich sie in ihrem Pelzmantel weggehen. Als sie am Abend zurückkam, war der Mantel weg und ihre Taschen prall gefüllt. Wir brauchten ein paar Tage lang nicht zu hungern: es war ein Fest.

Am nächsten Tag hörten wir frühmorgens Motorengeräusche. LKW waren es, beladen mit Baumaterial und deutschen Wachleuten und Arbeitergruppen. Drei Meter hoch sollte die Mauer um unser Ghetto kurze Zeit später sein.

Von Ghetto zu Ghetto

Der Mauerbau war noch nicht fertig, da wurde Vater von der Gestapo abgeholt. Ich habe mich verkrochen, Mutter hat geweint, mein Bruder war nicht da, der musste sich jeden Morgen zur Zwangsarbeit melden. Ich wollte Mutter beruhigen und habe angefangen zu singen. Das war falsch, ganz falsch: Mutter bekam einen Weinkrampf. Vor Verzweiflung habe ich in die Hosen gemacht. Schließlich habe ich die Nachbarin geholt. Endlich konnte Mutter aufhören zu weinen. Gegen Abend kam Vater wieder nach Hause. Er hatte eine fantastische

Laune. Er war angeheitert und hatte viele Päckchen in den Händen. „Was ist los? Was ist passiert?" – „Zuerst lade ich die Nachbarn zu einer Abschiedsparty ein. Die Zukunft wird in der Familie besprochen." Ich bekam ein Stück Schokolade – mein erstes seit mindestens einem Jahr! Ein Traum. Die Nachbarn waren da, es wurde spät und immer später, immer noch waren wir nicht alleine. Welche Pläne hatte mein Vater? „Geh schlafen, mein Kind", sagte Mutter. Ich schlief, tief und fest. Als ich wach wurde, war die gleiche brennende Neugierde sofort wieder da. Endlich, beim Frühstück, fing Vater an zu erzählen: „Mein ehemaliger Schulkamerad Schomburg ist jetzt Gestapo-Kommandant in Bochnia. Wir sollen sofort dorthin übergesiedelt werden. Dort ist es noch nicht so schlimm wie hier." Schon am Mittag kam ein kleiner LKW mit dem Gestapomann. „In drei Stunden ist fertig gepackt. Sie dürfen nur persönliche Sachen mitnehmen, keine Möbel." Vater fragte: „Auch kein Geschirr, kein Porzellan?" – „Nein."

Mutter weinte den ganzen Weg über. Ich wagte nicht, etwas zu fragen. Überall waren Kontrollen. Einmal dachte ich, wir kommen nicht durch. Mit uns hat keiner geredet, immer nur mit dem Gestapomann. Dann mussten wir abladen. „Zu Fuß weiter gehen!" – „Aber Franz, wie stellst du dir das vor? Zwei Kinder, eine Frau. Das schaffen wir doch niemals." – „Ab heute und für immer: Herr Kommandant. Bewegung jetzt!" Schomburg nahm seine Pistole. In dem Moment liefen zwei junge Burschen vorbei. „He, ihr zwei! Helfen! Aber sofort!"

Wir waren vielleicht eine Viertelstunde unterwegs, da sehe ich vor mir einen Riesenzaun mit einem Tor. Auf der arischen Seite standen deutsche und polnische Wachposten, innen jüdische Ordnungsmänner. In meinem Kopf fing alles an sich zu drehen, wie ein Karussell. Ich hatte sofort verstanden: Wir waren übergesiedelt – von einem Ghetto zum nächsten.

Privilegiert

Mein Vater war ein passionierter Waffennarr. Alle Jäger und Waffenhändler kannten ihn – schließlich gab es keine Waffe, die er nicht hätte reparieren können. Wir bezogen ein Haus. Getrennt von allen Nachbarhäusern stand es allein. Hochparterre, zwei Zimmer, Waschmöglichkeiten im Hof. Der Rest des Hauses bestand aus einer Werkstatt, fantastisch eingerichtet mit Drehbank und allem, was für die Reparaturen gebraucht wurde. Verglichen mit den anderen um uns herum lebten wir im Luxus: normalerweise teilten sich 35 Personen 70 Quadratmeter! Zum Haus gehörte noch ein Obstgarten. In die Mitte war eine Schneise geschlagen: 1,50 Meter breit und 30 Meter lang. Das war der Schießstand. An seinem Ende war am Zaun eine Zielscheibe, nagelneu. Niemanden kümmerte, dass direkt dahinter eine Straße war. Niemand warnte Passanten bei Schießübungen. Deren Tod wurde halt in Kauf genommen.

An der Straße am Haus gab es ein Schild mit ziemlich großer Schrift: „Unbefugten ist das Betreten strengstens verboten", dazu Stempel der Gestapo und Unterschrift des Kommandanten vom Ghetto, Franz Müller. Zu Hause waren wir geschützt, auf der Straße erwartete uns das gleiche Schicksal wie alle anderen. Für uns Kinder war es sehr gefährlich auf der Straße. Aber weil meine Mutter „a. k." war, arisch-katholisch, kam sie ohne Kontrolle auf die sogenannte „arische Seite". Das Leben im Ghetto war ein Kampf ums Überleben. Die Leute schmuggelten alles, was verkäuflich war, nach draußen, und alles Essbare und Medikamente ins Ghetto hinein. Langsam breiteten sich Krankheiten aus. Es herrschte Verzweiflung, wir hörten von vielen Selbstmorden. Unser Leben aber ging weiter.

Wie freute ich mich, als meine Mutter eines Tages sagte: „Ab morgen gehst du zur Schule." Die Schule war in der alten Synagoge eingerichtet. Mein Bruder war schon zu alt dafür –

der musste im Außendienst arbeiten. Am nächsten Tag wollte ich mich in der Schule eintragen. Sobald ich meinen Namen gesagt hatte, schrie mich der Lehrer mit hochrotem Kopf an: „Ach, du bist das! Der Sohn eines Verräters, der mit den Deutschen zusammenarbeitet." Ich habe mich umgedreht und bin laut weinend nach Hause gelaufen. Mein Vater ging sofort mit mir wieder zurück zur Schule, wie einen Sack Kartoffeln hat er mich hinter sich her geschleift. „Du wirst mir diesen Parasiten zeigen. Nie wieder wird er das Wort Verräter sagen. Nie wieder." Ich habe meinem Vater dann den Lehrer gezeigt. Er hat ihn so verprügelt, dass der einen Monat lang krank war. Diese Sache hat mir großen Respekt bei allen Kindern eingebracht; aber die Schule war für mich aus. Meine Mutter war pragmatisch: „Gut, dann hast du Zeit, um Geige zu üben." Jeden Tag spielte ich ein paar Stunden. Alle hatten Ruhe, und ich war beschäftigt.

Die aufregendsten Tage waren die, an denen mein Vater eine Waffe reparieren musste. Dann standen die Gestapomänner am Schießstand und ballerten wie verrückt ... Es ist öfter passiert, dass jemand hinter dem Zaun erschossen oder verletzt wurde, aber darüber hat sich niemand Gedanken gemacht, das wurde langsam Normalität. Die Leute hatten furchtbar große Angst: Alle ahnten etwas, aber niemand wusste, was los ist. Ich merkte: da liegt etwas Schlimmes in der Luft!

29. August

Morgen ist es endlich soweit, jetzt, wo die Sommerferien zu Ende sind, haben wir einen Termin gefunden: ich werde Herrn Emge wieder treffen. Im Urlaub habe ich „Die Kinder aus Theresienstadt"[3] gelesen. Irgendwie ist es ein tröstliches Buch, die Kinder haben zwar immer Angst, werden krank, sterben und viele werden deportiert. Aber sie spielen auch, werden heimlich unterrichtet, spielen Fußball. Das

Allerbeste: sie machen Musik und führen sogar eine Oper im Lager auf, „Brundibár"[4]. Gehört habe ich die Oper auf CD auch, zusammen mit meiner Mutter und meinem Bruder.[5] Wie mag das gewesen sein, auf einmal in so einem Lager zu sein, getrennt von den Eltern? In Baracken zu schlafen, kaum zu essen zu haben, keine Seife? Wenn ich so etwas erleben müsste – dann wäre mir Musik der einzige Trost. Obwohl, das kann ich mir ja schon wieder nicht vorstellen: ohne Musik sein. Ohne Geige! Das ist, als hätte ich nur einen Arm. Oder könnte nicht mehr richtig atmen. Wenn ich Geige spiele, ist es immer, als gehöre sie zu meinem Körper dazu. Mir fehlt schon was, wenn ich mal ein paar Tage nicht spielen kann.

Ghetto, KZ, Lager, egal – nichts davon kann ich mir vorstellen – ich will aber. Drei Seiten Fragen habe ich aufgeschrieben. So viel will ich wissen: wie das war, als die Juden auf einmal einen Stern tragen mussten, als sie erst in die Ghettos und dann in die Konzentrationslager ziehen mussten. Wie wohl das Erzählen für Herrn Emge ist? Ob es schlimm für ihn ist, alles noch mal in Worte zu fassen? Es ist ja sehr nett, dass er sich überhaupt mit mir trifft.

Von jetzt an seid ihr erwachsene Leute

Die erste Aktion

חיי Es war ein schöner, sonniger Tag. Ich spielte mit den Kindern auf der Straße, ganz in der Nähe vom Ghettokrankenhaus. Auf einmal krachten zwei Lastwagen auf uns zu, bremsten, ein SS-Offizier und ukrainische Soldaten sprangen von den Ladeflächen und stürmten regelrecht das Krankenhaus. Wir hörten Maschinenpistolen. Ratterratterratter, immer weiter. Dann auf einmal kamen die Soldaten mit Leichen wieder zurück, schmissen sie auf die LKW. Ich sah, wie der Offizier noch einmal mit den Soldaten sprach. Eine Stunde später wussten wir: alle Kranken waren tot. Und das ganze Personal auch. 24 Kranke und acht Menschen vom Personal. Ein ganzes Krankenhaus war einfach liquidiert worden. Nur einer hatte überlebt, ein Arzt. Er war im Keller, als die ersten Schüsse fielen. Er hat sich sofort versteckt und ist nicht gefunden worden.

Spätabends, ich lag schon im Bett, klopfte es auf einmal. Die Ehefrau des Kommandanten war es: „Ich komme, um Ihre Ausweise zu holen." Mama war noch auf, sie hatte immer alles zusammen – ein Griff. „Bitte." – „Unter keinen, gar keinen Umständen darf jemand das Haus verlassen!" Und schon war sie wieder weg. Wir waren alle furchtbar aufgeregt. Ich wusste nicht, worum es geht. Vor unserem Haus wurden Autos postiert. Die ganze Nacht saßen wir zusammen, ohne Licht, und haben nur ganz leise geredet. Um fünf Uhr in der Früh plötzlich Salven von Maschinenpistolen. Meine Eltern haben uns Brüder angeschaut und gesagt: „Von jetzt an seid ihr erwachsene Leute. Was immer passiert, überlegt genau: was kann ich jetzt tun? Ihr müsst selber denken, selber überlegen. Immer. Wir können euch nicht länger beschützen."

Gegen neun Uhr kam ein SS-Mann und heftete einen Zettel an die Eingangstür: „Kontrolle durchgeführt." Wir waren vorläufig gerettet. Am Nachmittag wurde eine Riesenkolonne Menschen zum Bahnhof getrieben. Am Abend war die erste Aktion[6] im Ghetto Bochnia zu Ende.

Den nächsten Tag hatten wir nichts zu essen. Meine Mutter sagte zu mir: „Geh raus, vielleicht kannst du etwas organisieren." Ganz in der Nähe war ein kleiner Garten mit Tomaten und Gurken. Ich war so hungrig! Im Garten leuchten schöne, große Tomaten. Sofort beiße ich in die erste. Ich will schon wieder zubeißen – da sehe ich auf einmal rot-schwarze Punkte auf der Tomate. Ich schaue auf und sehe die Hand einer jungen Frau. Sie liegt in den Pflanzen, und sie ist tot. Ihr Blut ist auf die Tomate gespritzt. Und ich habe davon abgebissen! 50 Jahre lang habe ich danach keine Tomaten mehr gegessen. Bis heute fällt es mir schwer; sobald mir diese Erinnerung einfällt, kann ich Tomaten nicht mehr anrühren.

Nach der ersten Aktion wurde die Lage im Ghetto immer schlechter. Eines Tages wurde das Ghetto geteilt, es gab nun Ghetto A und Ghetto B. Alle alten, kranken, behinderten Menschen oder Menschen ohne Arbeitserlaubnis mussten im Ghetto B wohnen. Ein Zaun teilte die beiden Ghettos. Im Ghetto wurde gesammelt – wir wussten inzwischen, was das bedeutet: die Nazis sammelten Geld von den Juden, die von diesem Geld ihre eigenen Deportationen bezahlen mussten. Die Menschen starben auch schon vorher im Ghetto, an Hunger, Krankheiten und Verzweiflung. Viele brachten sich um.

Schon länger arbeitete ich jetzt im Straßenbau, jeden Tag zwölf Stunden. Der „Lohn" für die Arbeit: Zwei Kilo Brot, 100 Gramm Zucker, 20 Zigaretten, 200 Gramm Marmelade. Das war eine Wochenration. Einmal im Quartal gab es einen halben Liter Wodka. Aber nach der Aktion war auch das vorbei. Unsere Lebensmittelquellen waren versiegt, meine Mutter war sehr besorgt. Da geschah ein kleines Wunder.

Ein Schäferhund wird meine Rettung

Der Lagerkommandant war zu meinem Vater gekommen, mein Vater sollte sein Jagdgewehr reparieren. Er hatte seinen bildschönen Hund dabei. Ich konnte nicht widerstehen und streichelte ihn: „So ein schöner Hund!" Ein großer Schäferhund war es. „Der Hund gefällt dir?" – „Aber ja. Und wie!" Der Kommandant schaute mich an. Ich hielt die Luft an, war ich zu weit gegangen? Hatte ich etwas Falsches gesagt? „Wenn dir der Hund so gut gefällt – dann bist du ab morgen sein Pfleger." Der Hund hieß Rex. Sein Spitzname war „5000 Zloty" – so viel hatte er gekostet.[7] Er war ein Geburtstagsgeschenk für den Kommandanten gewesen. Wir wurden ein Herz und eine Seele. Wenn ich sagte: „Rex! Gib Küsschen!", dann hat er geknurrt und schlappschlappschlapp, mit der Zunge meine Wange abgeleckt. Alle haben immer gestaunt. Rex war ja auf Menschen abgerichtet. Jeden Tag habe ich Rex abgeholt, zum Spazierengehen. Durch ihn hatte ich auch Zugang zur deutschen Kantine, dort holte ich das Fressen für Rex und rettete gleichzeitig unsere Lebensmittelversorgung. Für eine Mahlzeit für uns alle reichte das Essen allerdings nie.

Meine Mutter konnte lange schon nicht mehr helfen. Ende des Jahres 1941 war sie zur Gestapo gerufen worden. Damals hätte sie, weil sie ja Arierin war, das Ghetto sofort verlassen können. Aber meine Mutter sagte: „Ohne meine Kinder und ohne meinen Mann gehe ich nirgendwohin!" Da wurden ihr alle Rechte als Arierin aberkannt.

Blutiger Freitag

Freitagnachmittag, wir waren alle zurück von der Arbeit. Plötzlich gab es lautes Geschrei: „Alle raus auf die Straße!" Bald standen wir in Reih und Glied und so still, dass ich jede Fliege hören konnte.

Dann erschienen unser Kommandant, SS-Offiziere und etwa zwanzig Letten. Der Kommandant rief zwölf oder fünfzehn Namen auf. Die Aufgerufenen mussten auf die andere Straßenseite gehen. Auch ein Junge in meinem Alter war dabei, und zwei Letten standen Wache. Ich selber stand gegenüber in der ersten Reihe, habe alles gesehen und gehört. Der Junge sagte: „Bitte, ich schenke Ihnen meine Uhr, meine goldene. Schenken Sie mir mein Leben. Bitte, bitte!" Der Wachmann hat nicht lange gefackelt, er hat die Uhr genommen. Und den Jungen auf der Stelle erschossen. Keiner von den SS-Leuten hat was gesagt oder gefragt. Dann hörten wir Maschinenpistolensalven; alle, die aufgerufen worden waren, wurden erschossen. Niemals hat jemand erfahren, warum. Wir nannten diesen Tag „Blutiger Freitag".

Wie immer, nach einigen Tagen „normalisierte" sich das Leben. Und in der Regel kam spätestens dann das nächste Unglück. So auch diesmal. Es war ein oder zwei Uhr in der Nacht: Wir wurden aus den Betten auf die Straße gescheucht. Eine Stunde standen wir sicher schon, da kam der Kommandant: „In einer halben Stunde komme ich zurück, bis dahin stehen hier zehn Freiwillige zur Erschießung!" Wir alle standen da, und niemand wusste, wie er sich verhalten sollte. Wir hatten es klar gehört: Zehn mussten erschossen werden. Niemand meldete sich freiwillig. Schließlich sagte der ehemalige Judenratsälteste: „Ich versuche, mit dem Kommandanten zu verhandeln!" Niemand von uns ahnte auch nur, was für einen furchtbaren Plan er hatte! Als der Kommandant nach ungefähr einer Stunde zurück kam, trat der Judenratsälteste mit ihm ein paar Schritte zur Seite. Ein paar Minuten lang sprachen sie miteinander. Was dann passierte, ist so schrecklich, kein normaler Mensch kann das verstehen. Der Judenratsälteste hat seine eigene Mutter aus der Gruppe geholt und hinter ein Haus geführt. Seine eigene Mutter! Wir hörten einen Schuss. Der Spuk war vorbei.

Alle sind schlafen gegangen. Erst am nächsten Tag haben wir erfahren, dass zwei Leuten die Flucht gelungen war, als die Deutschen ihr Versteck gefunden hatten. Und wie immer: bestraft wurden andere.

Langsam wurde es Herbst und die Arbeitstage kürzer. Alles näherte sich dem Ende. Niemand wusste, was die Zukunft bringt.

Es war schon Spätherbst oder Winteranfang, als der Horror kam. Die Aktion nannten sie „Judenrein". Alles, was passiert ist, hat sich so tief in meinen Körper und mein Gehirn eingebrannt, dass ich bis zum heutigen Tag präzise erzählen kann, was damals geschah.

Es war fünf Uhr morgens und noch dunkel. Es regnete. Plötzlich ertönte von allen Seiten ein fürchterliches Geschrei: „Raus! Raus! Raus, raus, raus!" Wie Raketen fahren wir aus den Betten. Mein Vater springt halb nackt auf die Straße: „Was ist los?" Meine Mutter weint und kann sich nicht beruhigen. Erst als mein älterer Bruder sie anschreit, kommt sie zu sich. Von der Straße schallen Kommandos: „Wer in fünf Minuten nicht draußen ist, wird erschossen!" Die ersten Schüsse fallen schon. Im Nu sind wir draußen. Unterwegs zur Sammelstelle sehe ich lettische und ukrainische Helfershelfer der Deutschen. Wie Bestien in menschlicher Gestalt schießen sie brutal und skrupellos auf Frauen und massenweise auf Kinder. Manche wimmern oder rufen mit leiser Stimme um Hilfe. Niemand von uns wagt zu helfen. Sicher wären wir sofort erschossen worden. Mit der Zeit haben wir alle Gefühle verloren, jeder denkt nur noch an sich selbst. Drei Stunden lang stehen wir am Sammelplatz, ohne dass irgendetwas passiert. Nichts, einfach gar nichts geschieht. Auf einmal werden vorne Tische aufgestellt: Selektion heißt das, das weiß ich schon. Es kommt Panik auf. Dabei werden bestimmt hundert Leute erschossen. Danach ist es still, totenstill. Aus hundert Metern Entfernung höre ich die Kommandos: „Links. Rechts. Rechts. Links!" Die

Selektion hat angefangen. Die Menschen müssen entweder zu einem großen oder zu einem kleinen Platz gehen. Ich soll zum kleinen. Aber aus irgendeinem Grund will ich nicht: „Ich bin schon groß!" rufe ich. „Du bist klein. Nach links!" – „Ich bin groß!" – „Nein. Du bist klein!" – „Nein, groß!" – „Dann geh nach rechts."

Ich habe gewonnen, ich bin ein Kind und habe gewonnen! Im Weggehen höre ich ihn wütend zischen: „Gar nichts wird es dir helfen, du kleiner jüdischer Scheißer, du landest doch wie alle im Krematorium!"

Bis spätnachmittags standen sie um uns herum, die lettischen und ukrainischen Wachmänner. Erst dann haben wir erfahren: wir sind die, die bleiben dürfen. Alle anderen sind entweder direkt in die Vernichtung oder ins Konzentrationslager gebracht worden. Mit meinem Mut habe ich mir an diesem Tag das Leben gerettet.

Ungefähr hundert Leute waren wir, die Übriggebliebenen. Wir wussten nicht, warum wir bleiben sollten. Welche Pläne hatte die SS mit uns? Ein Wachmann sagte uns, wohin wir gebracht werden sollten: es war das Haus eines ehemaligen Judenrates vom Ghetto. Nach den langen Stunden Stillstehen mussten wir alle gleichzeitig zur Toilette. Was für ein Gefühl, ganz in Ruhe pinkeln zu können, ohne die Angst, erschossen zu werden. Himmlisch. Immer noch wurden wir hermetisch bewacht, keiner durfte ans Fenster. Aber das Schlimmste lag hinter uns. Wir hatten ein Dach über dem Kopf. Ich war unendlich erschöpft, ich hatte nichts gegessen, nichts getrunken. Wer noch etwas zu essen hatte, musste es jetzt den Kindern geben, und so bekam ich ein Stück Zwieback und eine Apfelschnitze. Ich war noch nicht mit Essen fertig, da war ich schon eingeschlafen. Fest, ganz fest habe ich durchgeschlafen bis zum nächsten Morgen. Auf dem nackten Boden, ohne Decke. Aber sehr, sehr zufrieden.

Am nächsten Tag war die Aktion noch nicht vorbei – immer noch hörten wir Einzelschüsse, Salven von Maschinenpistolen und fürchterliches Geschrei. Es regnete und es war kalt. Am Mittag kam ein SS-Offizier: „Alle jungen Männer mit mir zur Kommandantur." Es war alles rätselhaft; ich bekam dort einen heißen Eintopf! Wir grübelten und grübelten: was würde mit uns passieren? Erst nach drei Tagen war alles vorbei. 700 Menschen waren auf der Straße oder in den Wohnungen erschossen worden. Von 6200, die an diesem Morgen im Ghetto gewesen waren, waren noch hundert übrig. Alle anderen waren deportiert oder tot.

Alle Grenzen, alle Schranken, alle Regungen von Menschlichkeit waren gefallen in diesen Tagen – übrig geblieben waren Wahnsinn, Brutalität und bestialische Grausamkeit. Mein Vater war draußen, er musste sich um die Leichen kümmern. Gebrochen und versteinert kam er wieder: „Mehr als 470." Mehr sagte er nicht. Nach und nach puzzelte ich mir zusammen, was er meinte. Er musste Leichen einsammeln. „470" hieß: 470 tote Menschen.

Aber manche Opfer lebten auch noch. Verwundete weinten, wimmerten, flehten um Hilfe. Überall standen Wachposten und SS-Männer. Scharf beobachteten sie die Straßen. Wer sich noch bewegte, wurde erschossen. Sie haben das Dach eines Hauses abgetragen, ganz in der Nähe der Stelle, an der sie Monate zuvor das Krankenhaus liquidiert hatten. Die Leichen wurden hineingeworfen, alles wurde mit Benzin übergossen und angezündet. Fast eine Woche lang brannte es. Tag und Nacht. Bis heute habe ich den süßlichen Gestank im Hals.

Die Tage gingen dahin, einer nach dem anderen, fast wie Wasser, das in einem Flussbett fließt. Wir waren mit Aufräumen beschäftigt. Manchmal vergaßen wir fast, in welcher Lage wir waren. Aber die SS hat uns schnell erinnert. Allzu schnell und allzu oft und allzu grausam.

Ich will nicht sterben

Die Leute waren furchtbar deprimiert. Nach der „Aktion Juden-rein" waren wir alle in einem winzigen Block konzentriert worden. Sicher waren wir das kleinste Ghetto in Polen gewor-den, winzig klein. Mittlerweile waren wir in einem einzigen Baukomplex einquartiert, wir wohnten im „eckigen Haus". Im ersten Stock gab es einen umlaufenden Balkon mit Holzgelän-der. Ich stand eines Tages darauf, und auf einmal sehe ich, dass zwanzig Leute, Frauen, Kinder und Männer auf den Hof gebracht werden. Es sind alles Menschen, die sich bei der Liquidierung des Ghettos versteckt haben und jetzt gefun-den worden sind. Alle müssen sich ausziehen, dann werden sie einzeln erschossen. Zwei Mütter aber weigern sich, ihre Kin-der zu verlassen, sie wollten ihre Kinder nicht alleine sterben lassen. Wenn sie sie schon nicht vor dem Tod retten können, dann wollen sie sie wenigstens beim Sterben im Arm halten und ihnen beistehen. Ganz klein sind die Kinder noch, sie können kaum alleine laufen. Es mögen zwanzig Meter von der Stelle sein, wo sich alle ausziehen müssen, bis zum Ort der Erschießung. Die beiden Mütter sind nackt und tragen ihre Kinder auf dem Arm. Die Kinder haben Durchfall, vielleicht vor Angst. Die SS-Männer schubsen die Kinder auf die Seite. Sie zwingen die Frauen, den Hof sauber zu lecken. Dann er-schießen zwei Ukrainer von hinten zuerst die Frauen und dann ihre Kinder.

Mir ist es heute noch ein Rätsel, wie ich diesem Geschehen damals zusehen konnte. So. So schrecklich unbeteiligt. Die ganze Zeit, die ganze Hinrichtung lang, eine Ewigkeit, stand ich da auf dem Balkon. Ich aß eine Birne. Es war, als schaute ich einen Film. Ohne Ton. Weit weg von mir, ganz nah. Nur eine Stimme war in mir: „Warte, eines Tages bist du dran. Warte nur, warte." Die Birne schmeckte süß. Sehr saftig und sehr süß.

Erstarrte Gleichgültigkeit breitete sich im Lager aus.

Abends, 30. August

Es ist später Abend. Ich bin sehr durcheinander. Bis eben habe ich die Musik von Schindlers Liste gespielt. Sofort als wir nach Hause gekommen sind, habe ich die Geige ausgepackt und angefangen. Ich musste etwas tun, das tröstet. Und diese Melodie tröstet mich. Nach einer Weile entfaltete sich ein Sog, als würde ich von etwas gezogen, in diese Welt hineingezogen. Auf einmal jedenfalls war ich in dieser Welt drin, richtig selber mit dabei. Nicht, dass ich wie die Juden alles Schreckliche erleben musste, aber ich konnte alles ganz direkt sehen. So, als könnte ich aus meiner Perspektive auf alles schauen. Und plötzlich war ich auch nicht mehr alleine. Plötzlich waren die Toten bei mir. Es war, als würden die Klänge sie geleiten, die Melodie ihnen den Himmel aufschließen, die Tür öffnen, hinter der es nur noch Licht, Wärme, Glück und Seligkeit gibt. Kurzum: sie nach Hause bringen. Jetzt löste sich der Druck in meiner Brust, jetzt konnte ich wieder atmen. Als die Schnallen vom Geigenkasten zuschnappten, dachte ich: „Vielleicht schauen die Toten mir jetzt zu und können sehen, dass es keine Lager und Ghettos mehr gibt."

Frühmorgens, 31. August

Ich habe nicht gut geschlafen, noch lange bin ich wachgelegen. Alle Geräusche waren mir unheimlich. Als es in der Heizung knackte, hatte ich auf einmal Angst, es könnten Leute an der Hauswand hochklettern und mich holen kommen. Ich habe mich aufgesetzt und durchgeschüttelt, was denke ich nur für einen Quatsch. Niemand kommt mich holen, das passiert hier und heute nicht mehr. Aber wie schlimm, dass es ja früher wirklich so war, dass nachts die Menschen geholt wurden. Ich konnte lange nicht einschlafen. Alles, was Herr Emge erzählt hat, ging mir durch den Kopf. So sehr ich es wissen und hören wollte: es ist so anders, so viel schlimmer, wenn es jemand erzählt, der es erlebt hat. Als ich die „Sternkinder"[8] gelesen habe, war das auch schlimm. Aber jemandem zuzuhören, der selbst ein Sternkind war – das ist viel schlimmer. Ich weiß ja immer: der hat das wirklich erlebt! Also es war schlimm. Richtig schlimm. Aber das Allerschlimmste war gar nicht, was er von früher erzählt hat. Auf einmal konnte ich es nicht mehr aushalten, soviel Unglück, soviel Angst, soviel Grausamkeit, immer mehr und immer mehr. Schon die ganze Zeit brannte es mir im Mund, endlich habe ich mich getraut zu fragen: „Aber später? Später im Leben, da sind Sie doch noch mal glücklich gewesen?" Seine Antwort war wie ein Blitzschlag für mich: „Nein. Nie. Nie mehr."

Niemals ist er glücklich gewesen. Niemals hat er eine Sekunde vergessen. Niemals! Ich bin immer noch geschockt. Ganz genau weiß ich, was er gesagt hat: „Mein ganzes Leben war ich verbittert. Im Grunde genommen kann ich bis zum heutigen Tag nicht sagen, dass ich glücklich bin. Immer fehlt etwas ..." Das war, bei allem Schrecklichen, das Allerschrecklichste! Wie kann man so alt werden und niemals mehr glücklich gewesen sein? Immer verbittert sein müssen? Was war das, was immer fehlte? Was für ein Leben? Wie geht das? Ich hab dann extra noch mal gefragt: „Auch nicht in der Musik?" – „Das war etwas anderes. Musik ist schon schön. Wenn ich Musik höre, dann ist es anders. Aber das heißt nicht, dass ich glücklich sein kann!" Er hat dann auch erzählt, wie das immer noch wirkt in Kleinigkeiten in seinem Alltag. Wenn er aus der U-Bahn aussteigt zum Beispiel, dann wartet er immer, bis er der Letzte ist, der auf die Rolltreppe tritt. Niemals kann er jemanden in seinem Rücken stehen haben.

Sie wollte mich um jeden Preis glücklich machen,
empfänglich machen für die Freuden des Lebens.
Mich meine Vergangenheit vergessen machen.
„Sie ist tot, deine Vergangenheit. Tot und begraben", sagte sie. Und ich antwortete: „Meine
Vergangenheit bin ich. Wenn sie begraben ist,
bin ich mit ihr begraben."[9]

Elie Wiesel

*Die Geschichten, die Michael Emge erzählt hat, füllen mich
ganz aus. Wie einen Schleier legen sie sich zwischen mich und
die Welt. Am Anfang war ich total geschockt. Das bin ich
auch immer noch. Aber diese Erzählungen machen mich auch
traurig, so furchtbar traurig. Immer wieder fällt mir irgendetwas ein. Gestern zum Beispiel, als es Tomaten gab. Ich konnte nicht anders, irgendwie habe ich mich geschämt, aber ver-
stohlen habe ich geschaut, ob irgendwo schwarze Punkte sind.*

17. September

*Heute kam Papa mit einem großen Paket aus der Hochschule
nach Hause. Ich durfte sofort auspacken: „Zeichne, was Du
siehst" war darin, ein Buch mit den Bildern von einem Mädchen, das in Theresienstadt gemalt hat. Helga Weissová hieß
sie. Sie war eines dieser gut hundert Kinder, die Theresienstadt
überlebt haben. Sie hat Farben ins Lager geschmuggelt und
gezeichnet. Als sie im Lager ankam, hat Helga ein Bild mit
zwei Kindern und einem Schneemann gemalt und es heimlich
in die Männerkaserne zu ihrem Vater gebracht. Der sagte zu
ihr: „Zeichne, was du siehst." Das hat sie gemacht, später ist
sie eine berühmte Malerin geworden. Riesig habe ich mich gefreut. Ich fühle mich ihr ganz nah. Vielleicht, weil sie ihre Kunst*

nicht aufgegeben hat. Ich glaube was für mich die Geige ist, das waren für Helga Stifte, Papier und Farben. Ich bin dankbar, dass sie gemalt hat, dass sie die Kraft dazu hatte. Ich habe noch lange mit Mama geredet. Mir macht es Hoffnung, dass Helga weiter gezeichnet hat. Wenn ich nicht mehr reden kann, etwas nicht sagen kann, dann muss ich Geige spielen. Mit der Geige kann ich so viel mehr sagen.

Sofort habe ich in dem Buch auch den Schneemann gefunden, das erste Bild von Helga.

10

Direkt auf der nächsten Seite kommen schon Menschen, die ins Lager müssen.[11]

Alle Menschen sind gebeugt – dabei schleppen sie gar nicht so viel mit sich. Bestimmt ahnen sie, was sie erwartet. Zumindest die Erwachsenen. So wie die Eltern von Michael Emge.

Nur noch eine Nummer

Im KZ Plaszów

ﬣﬣ Das endgültige Ende vom Ghetto in Bochnia kam unvermittelt. Wir wurden früh geweckt und mussten zum Rangierbahnhof. Uns war klar, was das bedeutete. Wir haben uns verabschiedet. Komischerweise wusste die SS, dass keiner von uns fliehen würde. Wohin auch? Oder zu wem? Die Polen waren keine Hilfe, die haben uns doch nur alle verraten. Was hätten wir schon tun sollen oder auch nur können?

Es gab nur zwei Wachleute, regelrecht in die Waggons gepresst haben sie uns. In ein paar Minuten waren wir drin und wurden von einer Lokomotive abgeholt. Zwei Stunden lang sind wir gefahren. Dann waren wir an irgendeinem Bahnhof. Mit zwei Lastwagen wurden wir in einer weiteren halben Stunde ins KZ Plaszów gebracht.[12]

Jetzt hatte es uns also auch getroffen: wir waren im Konzentrationslager. Fast die Hälfte von uns hatte den Lebenswillen verloren – viele dachten daran, Selbstmord zu begehen. Wir mussten uns ausziehen. Mutter hatte nicht erlaubt, dass ich die Geige mitnehme – aber spätestens hier hätte ich sie mit all den anderen Sachen abgeben müssen. Wir bekamen Streifenkleider und Holzschuhe. Es war fast schon Winter, alle zitterten. Auf einmal war ein Kapo[13] da, wie eine Furie ging er auf uns mit einer Lederpeitsche los: „Euch wird gleich warm werden. Ihr dreckigen, verdammten Juden. Am besten sollte man euch sofort vergasen."

Dann stand da ein SS-Unteroffizier und hat uns getrennt. Die Frauen kamen ins Frauenlager, die Männer ins Männerlager. Ich war mit einem Mal in einem Zustand, in dem mir alles egal war. Nur noch ein Gedanke beherrschte mich: ich

will schlafen, schlafen, schlafen. Aber daran war natürlich
nicht zu denken. Wir wurden in unsere Baracke geführt. Jeder
erhielt eine Lagernummer. Als ich meine Nummer bekam,
sagte jemand zu mir: „Jetzt bist du kein Mensch mehr, nur
noch eine Nummer." Ich wusste schon: die Nummer zu vergessen – das wäre mein Tod. Ich habe die Nummer auf der
linken Brust getragen, direkt neben dem Winkel. Den hatten
wir alle, aber in verschiedenen Farben: Rot stand für politische Insassen, Grün für Strafgefangene, Gelb für die Juden.
Wir wurden natürlich Häftlinge genannt. Aber wie kann man
sagen, dass ein Kind ein Häftling ist! Ein Häftling ist jemand,
der etwas verbrochen hat. Was hatte ich denn verbrochen?
Bis heute spreche ich von mir, von uns allen, nur als Insassen.
Meine Nummer habe ich so perfekt gelernt, dass ich sie noch
heute, bald 70 Jahre später, auch aus dem tiefsten Schlaf geweckt aufsagen kann.

Das Lagerleben begann. Das KZ war kein Ort zum Leben,
man konnte dort nur vegetieren oder sterben. Wir hatten kei-
nerlei Rechte, natürlich nicht. Die Nächte waren der Horror.
Auf 70 Quadratmetern waren wir 125 Insassen. Die Kojen
waren so eng, dass ich Angst hatte, mich umzudrehen oder
irgendeine Bewegung zu machen. Wenn sich einer umdrehte –
mussten es immer alle anderen auch tun. Im Winter war es
schneidend kalt, im Sommer brüllend heiß. Wenn wir im Sommer ganz viel Glück hatten, dann durften wir draußen oder
auf den Dächern schlafen. Manchmal, wenn sich keiner kümmerte, ging das. Was für eine Wohltat waren diese Momente:
keine Läuse, keine Wanzen, keine Ratten in der Nacht!

14

Um fünf Uhr war Weckzeit, bis sechs hatten wir Zeit zum Waschen und Frühstücken. Ich hatte Glück, von Block 24, in dem ich untergebracht war, waren es nur dreißig Meter bis zum Waschraum. Wer weiter entfernt untergebracht war, musste auch noch die Wegstrecken in der kurzen Zeit bewältigen. Die Blockältesten und ein paar andere mussten sich um das Essen kümmern. Morgens gab es schwarzes Wasser, mittags helles, abends wieder schwarzes. Ich hatte, wie alle, meinen Blechnapf und einen Löffel umgebunden, beide Teile hatten ein Loch, da hatte ich eine Schnur durchgezogen. Was man nicht am Leib trug, war sofort weg. Gestohlen. Toiletten gab es keine, nur Latrinen. Um sechs Uhr war Appell, bei jedem Wind und Wetter. Aus allen Blocks mussten dann alle auf dem

Appellplatz stehen. Dann haben sich die Arbeitskolonnen formiert. Von sieben bis siebzehn, achtzehn Uhr wurde gearbeitet. Es gab drei Sektoren: das Frauen-, das Männer- und das Arbeitslager. Die Sektoren waren durch Stacheldraht oder elektrische Drähte getrennt, dazwischen gab es auch freie Flächen mit Wachtürmen. Am Anfang gab es noch viele Außenkommandos, das heißt, dass Insassen außerhalb des Lagers arbeiten mussten. Das hatte Vor- und Nachteile. Die Außenkommandos schmuggelten immer etwas Essbares ins Lager – aber sie mussten auch länger arbeiten und verspäteten sich. Alle anderen mussten dann solange weiter im Abendappell stehen und warten, bis die Gruppe wieder da war. Oft standen wir deswegen bis 20 oder sogar bis 22 Uhr, bei jedem Wetter.

Ich wurde den Lagerwerkstätten zugeteilt, genau wie mein Vater. Dass das etwas Besonderes war, habe ich erst später erfahren. Mein Bruder arbeitete im Außenkommando. In den Lagerwerkstätten waren Fachleute, Schreiner, Installateure, Schmiede, Elektriker. Ich selber und noch ein paar andere hatten gar nichts gelernt, aber keiner fragte oder sagte uns, warum wir da waren. Glück und Schicksal haben es so gewollt, und wir waren alle mit dieser Sache zufrieden. Auch Autowerkstätten gehörten zu den Lagerwerkstätten. Unser Glück war es, dass alle Autos der hohen SS-Offiziere hier gewartet und gepflegt wurden. Manchmal verschaffte uns das einen Vorteil. Wenn uns einer dieser Autobesitzer bei einem Vergehen erwischte – Kochen und Schlafen in der Arbeitszeit waren zum Beispiel verboten –, kamen wir meist heil und ohne Konsequenzen aus dem Vorfall heraus. Eines Tages kam Amon Göth, der Kommandant des Lagers[15], in die Werkstätten. Sein Auto war in Reparatur und er wollte wissen, wann es fertig würde. Mein Vater war gerade mit Scharnieren für seinen BMW beschäftigt.[16] „Wann bist du fertig?" fragte Göth. „In einer Stunde können Sie Ihr Auto abholen, mein Kommandant." Göth kontrollierte die Werkstätten in dieser Zeit. Er zerrte einen Mann, dessen Arbeit ihm nicht gefiel, vor die Tür. Dann befahl er seinem Chauffeur, ihn zu erschießen. Der Chauffeur zog seine Pistole, drückte ab – und kein Schuss löste sich. Er versuchte es wieder. Wieder nichts. Andere SS-Männer kamen hinzu – und als wären sie verhext, gaben auch diese Pistolen keinen Schuss ab.[17] Der Mann kam nochmal mit dem Leben davon. Ich habe alles mit angesehen und mir vor Angst in die Hose gemacht.

Meine Mutter hat von Anfang an in Schindlers Fabrik gearbeitet. Die Fabrik war in Krakau selbst, das hieß, acht Kilometer vom Lager entfernt. Das war zu weit, um jeden Tag dorthin zur Arbeit zu kommen. So war sie die Woche über in Krakau und kam nur samstags zurück ins Lager. Ich habe immer und immer Sehnsucht nach ihr gehabt. Nachts habe ich oft nach ihr geweint und sie gesucht: „Mama, Mama, Mama." Montags bis samstags habe ich auf sie gewartet und gewartet. Wenn sie kam, habe ich mich immer bemüht, sie zu sehen. Das war schwierig und verboten: Männer- und Frauenlager waren durch einen Stacheldrahtzaun voneinander getrennt. In diesem Zaun war ein kleines Tor. Von der Männerseite aus konnte man es nicht öffnen, aber die Aufseher und Aufseherinnen konnten dadurch raus aus dem Lager. Wenn die Gelegenheit günstig war, habe ich mich dort hineingeschlichen und meine Mutter gesucht. Es war ein Kampf, sich durch das Tor zu schleichen, immer neu. Wir sind dann zusammen in ihre Baracke gegangen. Sie hat mir nie erzählt, was sie in der Fabrik macht. Ich wusste immer nur, dass sie dort arbeitet. Um sie habe ich mir nicht viele Sorgen gemacht, alle sagten, dass die Fabrik unter dem Kommando von Oskar Schindler stehe und alle haben immer davon geträumt, auch dort zu arbeiten. Gesorgt habe ich mich nicht, aber gesehnt, immer habe ich mich nach ihr gesehnt. Immer. Wenn wir uns sahen, hat sie wie mit einem Erwachsenen mit mir gesprochen und mich immer gefragt: „Leidest du Hunger?" Wenn es irgend ging, hat sie etwas gekocht und dann ins Lager mitgebracht. Wenn ich dann in ihre Baracke kam, hat sie gesagt: „Ich habe etwas Gutes für dich." Sie hat mich immer getröstet. Ich weiß, dass sie selbst heimlich geweint hat, aber mir hat sie ihre Tränen nie gezeigt. Einmal hat sie zu mir gesagt: „Ich bin nicht froh, dass ich bei Schindler arbeite – viel lieber wäre ich bei dir."

Zwei, drei Monate werde ich schon im Lager gewesen sein, hatte einiges gesehen und gelernt, mich in manchen Situationen zu verhalten und Dinge einzuordnen. Und gerade deswegen dachte ich eines Tages: jetzt ist mein Leben zu Ende. Es war gegen Mittag, ich half in der Tischlerabteilung, da holte mich ein SS-Unteroffizier ab. Niemand, der in der Arbeitszeit abgeholt wurde, war je zurückgekommen. Ich konnte mich von niemandem verabschieden, auch von meinem Vater nicht. Ich war ganz und gar auf mich alleine gestellt. Zu Fuß gingen wir zur Kommandantur. Tausend Dinge gingen mir durch den Kopf, immer wieder: was soll ich nur machen? Ich wusste gar nichts, außer: wenn es jetzt soweit ist und ich sterben muss, dann möchte ich noch einmal meine Mutter sehen. Immer hatte sie mir gesagt, wie wichtig es ist, zu beten. „Vergiss es nie! Bete immer abends, es ist sehr wichtig." Und: „Weißt du, wenn kleine Kinder beten, hört Gott immer ganz genau zu." Zwei-, dreihundert Meter vor der Kommandantur habe ich auf einmal laut angefangen zu beten. Der SS-Mann sah mich verdutzt an und blieb stehen: „Woher kannst du denn so gut die christlichen Gebete?" – „Meine Mutter ist katholisch, mein Vater mosaisch. Ich bin in beiden Religionen erzogen – aber beten kann ich besser auf Polnisch." – „Ich verstehe Polnisch. Und deswegen sage ich dir: Du brauchst dir keine Sorgen zu machen. Im Gegenteil, auf dich wartet eine Überraschung." Eine Überraschung? Vorsichtig fasste ich Mut: „Nun, der Tod ist auch eine Überraschung." – „Dein ehemaliger Ghettokommandant hat recht gehabt: Du bist der Richtige für diese Aufgabe", lachte der SS-Mann. Da konnte ich auf einmal nicht mehr abwarten zu wissen, was passieren würde. Und etwas in mir

wusste: das hier wird gut ausgehen. Fast gleichzeitig treten
wir in das Büro – und in dem Moment, in dem die Tür auf-
geht, springt mir mit voller Wucht der Hund vom ehemaligen
Kommandanten vom Ghetto Bochnia gegen die Brust. Ich
kannte ihn ja: „Wie geht es dir, mein 5000er?" Der Hund hat
mich abgeleckt, Kinn und Stirn und überall, und laut, laut ge-
heult. Die SS-Offiziere im Raum haben die ganze Zeit gesagt:
„Du hast recht gehabt." Als mir die Stimmen bewusst wurden,
erschrak ich. Weil der Hund mich in Beschlag genommen hatte, hatte ich völlig vergessen, mich „ordnungsgemäß" zu melden, mit meiner Nummer und so weiter. Als ich erschrocken
aufguckte, schaute ich direkt meinem ehemaligen Ghettokom-
mandanten in die Augen: „Lass gut sein, mein Junge." Das gab
mir die Zeit zu bemerken, dass er inzwischen befördert worden war: „Herzlichen Glückwunsch, Herr Kommandant, ein
Stern mehr!" Der ehemalige Kommandant grinste nur. „Zur
Sache, mein Junge. Ab morgen hast du eine neue Aufgabe und
ich hoffe, das ist das Richtige für dich. Du bist unser neuer
Hundepfleger. Allerdings nur für den Hundezwinger."

Ich war erleichtert und geängstigt zugleich. Mit diesen
Hunden war nicht zu spaßen. Sie waren zum Töten abgerichtet, eine falsche Bewegung, ein falsches, lautes Wort – und es
würde vorbei sein mit mir. An die erste Begegnung mit ihnen
erinnere ich mich auch nicht gerne, so große Angst habe ich
gehabt. Ein Wachmann ist mit mir zum Zwinger gegangen,
es war Fütterzeit. Er sagte zu mir: „Geh rein." Was sollte ich
machen? „Geh rein. Du musst den Zwinger sauber machen.
Und dann nimmst du den Kessel, der da steht, und das Wägelchen dort in der Ecke und holst in der Küche für die Wachleute das Futter." Ich stand vor dem Käfig; fünf dänische
Doggen waren darin. Ich habe angefangen zu zittern, das Herz
schlug mir im Hals. Furchtbare Angst hatte ich. Die Hunde
hatten schon viele Menschen auf dem Gewissen. Aber mir blieb
keine Wahl. Ich sagte mir: „Wenn ich nicht reingehe, werde
ich getötet. Wenn ich reingehe, bin ich vielleicht jetzt gleich

schon tot. Oder aber auch nicht. Vielleicht bin ich ein Held und komme mit den Hunden aus." Ich wusste, wenn ich leben wollte, musste ich die Käfigtüre öffnen. Also tat ich es. Mein 5000er, mein Rex, stand mir zur Seite. Er ist mit mir hineingegangen, ich weiß nicht, warum. War es wegen des Schäferhundes bei mir, war es, weil die Todesangst mich todesmutig machte? Oder habe ich die Hunde hypnotisiert? Jedenfalls haben sie mich nicht angefallen. Sie haben mir nichts getan. Gar nichts. Sie haben geguckt. Ich habe geguckt. Ich habe sie am Kopf gestreichelt und gesagt: „Na, wie geht's, ihr schönen Hunde?" So hat es zwischen uns angefangen, sie haben dann ihr Fressen von mir akzeptiert. Es waren wirklich schöne Hunde. Und Bestien. Beides. Ich war stolz auf meine neue Aufgabe: Pflegefutter holen, füttern, Boxen sauber machen, selten auch schon mal spazieren gehen. Aber natürlich hat mich die Stelle nicht vor dem Lagerleben gerettet. Zwischen sieben und achtzehn Uhr konnte ich mich frei bewegen, ja. Ansonsten war ich ein Insasse wie jeder andere auch. Froh, richtig froh aber war ich darüber, dass ich nur im Hundezwinger arbeiten musste und nicht die beiden Hunde von Göth pflegen sollte, Ralf und Rolf. Das war noch viel gefährlicher. Die Jungen, die das machten, wurden nach einiger Zeit immer aussortiert, ins Krematorium geschickt, unter irgendeinem Vorwand erschossen oder erhängt.

Und doch sollten ausgerechnet diese Killerhunde mir mal mein Leben retten.

„A jiddische Mame"

Die Tage und Monate vergingen. Es war schon warm geworden. Und es war ein sonniger Morgen, an dem wir seit vielen Stunden zum Morgenappell standen. Natürlich ahnten alle, dass etwas Böses auf uns wartete, erst recht, als sich am Rande SS-Männer sammelten. Das war ein sehr, sehr schlechtes Omen.

Sofort ging das Grauen durch die Reihen, alle gaben die geflüsterte Schreckensnachricht weiter: „Selektion." „Selektion": Ausziehen und nackt vor die Ärzte treten. „Links." „Rechts." „Rechts." „Links."

Wie jedes Mal wusste niemand, ob links Tod und rechts Leben hieß oder ob es genau andersherum war. Ich stehe schon in der linken Gruppe, da sehe ich auf einmal einen Wachposten. Er sucht jemanden und ruft eine Nummer aus. Ich bin so aufgeregt und habe so viel Angst, dass ich gar nicht auf die Idee komme, es könne meine Nummer sein. Aber auf einmal realisiere ich es doch. Das ist meine Nummer. Die suchen mich. Mich! Sofort schreie ich: „Hier." Und nochmal: „Hier bin ich!" Mit dem Arbeiterführer des Lagers kommt der Wachmann auf mich zu. Er tritt mich, schlägt mich, mit Wucht reißt er mich aus der Gruppe, zerrt mich, nackt wie ich bin, am Ohr hinter sich her und schubst mich schließlich zum Ausgang. „Anziehen!" Unsere Kleider müssen wir immer erst ausziehen, dann festhalten. Ich ziehe mich an. „Du musst zu den Hunden!" Ich merke sofort, dass etwas nicht stimmt. Die Hunde habe ich doch morgens erst versorgt, mit denen ist alles in Ordnung. „Aber…" beginne ich. „Du musst zu den Hunden, ich sage es nicht noch mal!", droht der Wachmann mir. Nun gut. Dann eben die Hunde. Ich bin froh, der Gefahr, in der sich alle anderen in diesem Moment noch befinden, entronnen zu sein. Im Zwinger kümmere ich mich um die Hunde. Irgendwann kommt jemand und fragt: „Kannst du hier schlafen? Traust du dir das zu? Es wäre besser für dich." Ich nicke, ein wenig beklommen, aber ich nicke. Am nächsten Morgen hole ich wie immer mit dem Wägelchen das Futter für die Hunde. Unterwegs esse ich selbst davon. Der Weg zum Zwinger führt am Nebenhaus von Amon Göth vorbei. Und auch noch von der Balkonseite her. Immer habe ich Angst dort vorbeizugehen. Jeder weiß, dass Göth morgens halbnackt mit dem Gewehr auf dem Balkon steht und schießt. Auf wen auch immer. Und sei es nur, weil sich jemand in seinen Augen zu langsam bewegt hat. Wenn der Getroffene nur verletzt ist, muss der Chauffeur losfahren, ihn suchen und erschießen. Ich habe immer höllisch aufgepasst, stand Göth auf dem Balkon, habe ich gewartet, bis er weg war. Aber heute muss ich da vorbeigehen. Und ausgerechnet vor der Villa, an der Stelle, wohin sein Blick fällt, ist der Weg furchtbar matschig. Die Pfützen sind sicher 30 Zentimeter tief, das Wasser steht weit über meine Waden. Hundert oder hundertfünfzig Meter muss ich überwinden. In zwei Töpfen habe ich das Futter, und ich muss sie mit einer Hand festhalten und mit der anderen feste ziehen. Sonst kippen die Kübel in den Matsch und das Wägelchen würde sich festfahren. An diesem Morgen ist Amon Göth nicht da. So kann ich mein Wägelchen mit dem Futter über die schwierige Stelle bringen – und mich in Sicherheit.

Was ist wohl am Vorabend passiert? Unterwegs treffe ich den Schlosser, zum Glück. „Wie bist du denn durchgekommen? Wir waren uns alle sicher, dass wir dich nie wieder sehen. Schnell, du musst dich melden gehen." – „Unmöglich, ich muss doch erst die Hunde füttern. In der Mittagspause vielleicht." – „Das ist deine Entscheidung ..." Fieberhaft denke ich nach. Was soll ich nur tun? Die Wahrheit sagen? Wer würde mir denn glauben? Also greife ich zu einem Trick, als ich mich beim Kapo schließlich melde: „Der Arbeiterführer persönlich hat mich geholt und zum Zwinger geschickt." Ich will anfangen zu erzählen, da sagt er: „Du brauchst mir nichts zu erzählen. Der Arbeiterführer war heute Morgen hier und hat mir gesagt, wenn du nachmittags kommst, dann soll ich dich als anwesend eintragen. Und dann hat er noch gesagt, der Rest sei seine Sache."

Das sagte er, weil es natürlich ein Problem war, da ich ja auf dem Passagierschein von morgens nicht stand. Das konnte Schwierigkeiten bringen. Ich wusste nur: der Arbeiterführer, das war Franz Müller, der ehemalige Kommandant vom Ghetto Bochnia – er hatte mir das Leben gerettet. Schon wieder. Und von meinem Blocknachbar erfuhr ich dann, wovor ich gerettet worden war, als er plötzlich meine Nummer gerufen und mich zum Zwinger geholt hatte: 700 Kinder sollten ins Gas geschickt werden. Während der Selektion spielten sich Dramen ab. Lastwagen standen auf dem Appellhofplatz. Das hatte ich ja noch gesehen. Und wie die Tische von der SS gebracht wurden, die Ärzte kamen, und alle wussten, dass jetzt eine Selektion kommt. Dann waren die Kinder aus dem „Kinderhaus" geführt worden. Ich bin herausgerufen worden, als die ersten zwei LKW mit Kindern vollgeladen waren. Was dann kam, hat mir der Nachbar erzählt. Einige Kinder sind weggerannt, sie haben versucht, sich zu verstecken, sind zum Beispiel in die Latrinen gesprungen und dort zehn Stunden lang geblieben.[18]

Als die Mütter und Väter sahen, dass die Kinder weggebracht wurden, sind sie schreiend losgelaufen. „Unsere Kinder! Unsere Kinder!", haben sie gerufen und sich vor die Lastwagen geworfen. Erst sind die SS-Leute über sie gefahren, dann haben sie auch noch Maschinenpistolen genommen und geschossen. Schließlich war es still. Nur aus den Lautsprechern quäkten noch jüdische Kinder- und Wiegenlieder. Vor allem eines, alle Juden kennen es: „A jiddische Mame." Das habe ich selbst noch gehört. Ich erinnere mich an eine Aufnahme des Liedes von dem berühmten Tenor Benjamino Gigli[19], den kannte ich gut. Damals habe ich alles hingenommen, was geschah, ohne etwas zu empfinden. Die Gefühle, besonders bei diesem Lied, die stellen sich erst heute ein.[20]

A yidische Mame

Ich möchte euch eine Frage stellen, sagt mir,
wer sie beantworten kann.
Mit welchem kostbaren Vermögen,
segnet G'tt alle Menschen?
Man kauft es nicht mit keinem Geld,
das bekommt man nur umsonst.
Und doch wenn man es verliert,
vergießt man viel Tränen.
Eine Zweite gibt es nicht, es hilft kein Weinen.
Oh, wer es verloren hat, der weiß schon
was ich meine.

Eine yidische Mame,
sie versüßt die ganze Welt,
eine yidische Mame
oh wie bitter, wenn sie fehlt.
Ich darf noch danken G'tt,
wer sie noch bei sich hat.
Oh, weh, wie traurig es wird,
wenn sie von uns geht.
In Wasser und Feuer würde sie laufen
für ihr Kind. Ihr nicht die Treue zu halten,
das ist gewiss die größte Sünde.
Oh, wie glücklich und reich ist der Mensch,
der ein schönes Geschenk hat, ein Geschenk
von G'tt. Das einer yidischen Mutter –
meiner Mutter.[21]

Die Hundebestien, Fluch und Segen

Die Hunde waren also ein Segen für mich; überlebt zu haben, verdanke ich auch ihnen. Aber sie waren nicht nur Segen; sie waren auch ein Fluch. Sie haben gemacht, dass ich mich bis heute schlecht, dass ich mich wie ein Täter fühle. Ich weiß nicht, ob ein Kind Täter sein kann, ich denke nein. Und doch bleibt die Frage: warum habe ich nicht reagiert? Ich weiß auch nicht, ob ich etwas anderes hätte tun können. Gar nichts weiß ich außer dem, was passiert ist.

Es war während eines Appells. Kleine Leute standen immer in der ersten Reihe, damit man sie besser sehen konnte. Neben mir stand ein Junge, so alt wie ich oder ein bisschen älter, vielleicht zwölf oder dreizehn. Und auf einmal stand da auch ein SS-Scharführer mit einem der schärfsten Hunde. Ich kannte den Hund sehr gut. Ich hätte ihn rufen können und ihn wegholen. Aber ich stand versteinert, wie eine Säule. Der SS-Scharführer hat zu dem Hund gesagt: „Fass an." Keine Ahnung, warum oder weshalb, er hat es einfach gesagt. Der Hund macht einen unvorstellbaren Satz, greift dem Jungen sofort an den Hals und zerreißt ihn bei lebendigem Leib in Stücke. Es dauerte fünf Minuten. Dann war der Junge tot. Ich stand daneben und habe alles gesehen. Konnte nicht denken und nicht handeln. Am furchtbarsten aber war, als ich keine Stunde später denselben Hund pflegen und füttern musste. Das war das Allerschlimmste. Nur ein Gedanke ging mir im Kopf herum: „Wie kann ich das Biest nur vergiften? Wie bringe ich es um?" Aber ich konnte nichts tun. Der Hund hat noch viele Menschen zerfleischt.

Dein Vater? Der wurde heute Mittag abgeholt

Die neue Stelle hat mir mehr Freiheiten beschert, sie gehörte zu den Lagerwerkstätten. Gegen 17 Uhr konnte ich immer mit der ganzen Gruppe zurück ins Wohnlager. Aber nicht selten gab es Abendappelle mit Kontrollen und Schikanen, dann war die halbe Nacht verloren und nicht an Schlaf zu denken. Selbst wenn es mal zu einer „ruhigen Nacht" kam, mussten wir kämpfen. Das ganze Lager war verpestet von Ungeziefer, Läusen, Flöhen, Mäusen, Wanzen, Ratten ... Die Außenkommandos konnten sich manchmal draußen etwas säubern, heimlich natürlich. Sonst gab es im ganzen Lager nur sehr, sehr spärliche Gelegenheiten sich zu waschen. Das Lagerleben war voller Gefahren. Von allen Seiten und zu jeder Zeit. Es wurde einfacher, als ich mit der Zeit etwas Erfahrung hatte und wusste, was wie funktioniert. Das half, länger zu überleben. Die Leute aus den Werkstätten zum Beispiel mussten manchmal in deutschen Häusern oder Büros arbeiten. Dort war es möglich, etwas zu essen zu finden. Wenn es ging, haben die Männer dann den Auftrag „verlängert" um einen oder zwei Tage. Am schlimmsten hat es die getroffen, die alt, krank oder auch jünger als zehn Jahre waren. Diese Menschen sind früher oder später in die Gaskammern gekommen; viele haben sich an den elektrischen Zäunen das Leben genommen.

Außer einigen Einzelheiten bleibt alles unauslöschlich im Gedächtnis, und das Resultat ist, dass wir ÜBERLEBENDEN eine Rasse für sich sind. (...) Wie komplett auch die Integration in die Normalität sein mag, verbleibt immer ein unantastbares Gebiet, das der Alleinbesitz derer ist, die auf unerklärliche Weise verschont geblieben sind.[22]
Anita Lasker-Wallfisch

Die Zustände im Lager waren so hoffnungslos, dass kein normaler Mensch sie verstehen kann. Die Tage verliefen immer gleich, ich habe nur auf das aufgepasst, was um mich herum passierte. Jeden Abend bin ich eingeschlafen mit: „Hauptsache, ein Tag ist vorbei. Wieder habe ich einen Tag überlebt."

Eines Tages kam ich in die Lagerwerkstatt zurück. Ich wollte meinem Vater ein paar Zigaretten geben, die ich dem Hundeführer geklaut hatte. Doch mein Vater war nicht da. Ich frage den Kapo: „Wo ist mein Vater?" Die kurze, trockene Antwort war: „Der wurde heute Mittag abgeholt ins graue Haus." Das „graue Haus" war ein Fluch für alle Insassen. Im „grauen Haus" wurden die Verhöre durchgeführt. Es gab winzige Zellen, in denen man weder liegen noch stehen konnte. Niemand, der ins „graue Haus"[23] geholt wurde, war je wiedergekommen. Meinem Vater sollte es auch nicht anders ergehen. Zu ihm hatte ich ein anderes Verhältnis als zu meiner Mutter. Er war immer ganz nüchtern, der absolute Realist. Wenn ich mich bei ihm beklagen wollte und Trost suchte, weil mir etwas weh tat, sagte mein Vater: „Junge, sei froh, dass du lebst." Bis heute weiß ich nicht, was mit meinem Vater geschehen ist, ich habe ihn nie wieder gesehen.

Bei der nächsten Gelegenheit habe ich meine Mutter informiert. Später habe ich erfahren, dass sie daraufhin versucht hat, sich das Leben zu nehmen. Frauen, die mit ihr zusammengearbeitet haben, haben es verhindert.

Kein Freund, nirgends

Letztlich konnte niemand die Gesetze in Plaszów wirklich verstehen. Es gab tausend und ein Gesetz. Wenn man eines übertrat, dann konnte das den sofortigen Tod nach sich ziehen. Wer aus Hunger etwas gestohlen hatte und dabei erwischt wurde, musste zum Beispiel mit einem Schild um den Hals durchs Lager laufen: „Ich bin ein Kartoffeldieb!"; dann wurde er erhängt. Einmal waren in Plaszów welche geschnappt worden, die Kartoffeln geklaut hatten. Die wurden so an den Galgen gehängt, dass sie mit den Fußspitzen gerade noch den Boden berührten. Die Hände wurden ihnen auf dem Rücken zusammengebunden und eine dicke Kartoffel in den Mund geschoben. Um den Hals hatten sie eine Tafel: „Ich bin ein Kartoffeldieb, ich beklaue meine Kollegen." Sechs, sieben Stunden lang dauerte diese Folter, und alle aus dem Lager mussten Spalier stehen. Die Starken haben das überlebt, die anderen haben sich nach zwei, drei Stunden fallen lassen – und die Sache hatte sich erledigt. Solche Veranstaltungen haben mich damals schon völlig kalt gelassen. Wer davonkam, zu dem haben wir gesagt: „Na, hast du überlebt." Das war's. Zwei, drei Mal im Monat geschahen solche Strafaktionen. Ich hatte überhaupt kein Mitleid mehr in mir. Nach einiger Zeit habe ich in allen Beziehungen nur noch Leere gefühlt. Wenn ich überhaupt etwas gefühlt habe, war das höchstens: „Ach, wie blöd ist der." Nicht, weil er geklaut hatte. Geklaut haben wir alle. Ich habe damals gedacht: „Was für ein Idiot, lässt der sich erwischen." Es hat mich nicht interessiert, ob er ermordet wurde oder nicht, ob sie ihn erhängt haben oder erschossen, oder nur verprügelt. Niemand hat über so etwas nachgedacht. Jeder hat nur an sein eigenes Leben gedacht, daran seine eigene Person zu schützen: Wenn das auf Kosten von anderen ging, Pech. Wir haben zum Beispiel nachts immer mit den Schuhen an den Füßen geschlafen. Schuhe waren kostbar, und wenn jemand tot war und man selber schnell genug, dann konnte man seine Schuhe nehmen. Es gab fast keine, wer also welche hatte, zog sie nur aus, wenn es unbedingt sein musste. Zum Schlafen nicht! Es ging ums Überleben. Wie, war egal. Söhne und Töchter haben ihre Eltern in die Vernichtung geschickt, das habe ich selbst gesehen.

Gewundert hat mich allerdings immer, dass selbst die größten Atheisten bei den Selektionen angefangen haben zu beten! Ich selber habe immer gebetet, bei jeder Gelegenheit, und das mache ich bis heute. Im Lager wurde ich dafür ausgelacht.

Das Leben in Plaszów war schwer zu verstehen: die Kinder, die sich vor der großen Deportation hatten verstecken können, tauchten wieder auf, als alles vorbei war. Konsequenzen hatte das keine. Niemand hat gefragt, wo sie herkommen oder warum auf einmal wieder Kinder da sind. Sie waren eben wieder da. Aber die Situation wurde schlimmer. Es gab zunehmend mehr Kontrollen und die Lebensmittelversorgung von außen war so gut wie zum Erliegen gekommen. Das Schlimmste aber war die Ungewissheit. Wir wussten nie, wie es weiter geht. Das hatte vielleicht auch sein Gutes, manchmal ist es besser nicht zu wissen, was noch kommt. Eines Tages wurden wir zu viert abgeholt. Zwei Jungs, zwei Mädchen, alle in meinem Alter; wir wurden zur Krankenstation gebracht. Dort bekamen wir Dosen mit einer Art Armband um den Oberschenkel festgebunden. Unter Todesstrafe wurde uns untersagt, die Dosen abzunehmen. Diese Dosen waren innen offen und mit Läusen gefüllt. Innerhalb von zwei Tagen hatten sie sich in die Schenkel eingefressen. Alle sechs Wochen mussten wir zurück kommen, damit neue Läuse in die Dosen gesetzt werden konnten. So ein schrecklicher Schmerz. Immer, immer weiter. Ich war völlig verzweifelt und wusste nicht, was ich tun sollte. Nur die Angst zu sterben war noch größer als dieser Schmerz. Die Verletzungen sind nie wieder völlig ausgeheilt, bis heute sieht man an meinen Beinen die vernarbten Überreste dieser offenen Wunden.

Für Musik riskiere ich mein Leben

27. September

Heute haben wir ein Konzert für einen Freund meiner Eltern, Bruno, gespielt. Zu seinem 60. Geburtstag haben sie ihm zusammen mit allen anderen Freunden ein Konzert geschenkt, ein großes, öffentliches Bachkonzert, weil er so ein Bachverehrer ist. Der Projektchor von meinen Eltern hat eine Kantate aufgeführt, mein Vater eine Fantasie und eine Fuge an der Orgel gespielt und natürlich alles dirigiert. Ich habe das Bachkonzert für Violine a-Moll gespielt. Ich finde es wunderschön, wenn mein Vater das Dirigat hat, meine Mutter singt und ich geige, jeder von uns hat seine Rolle. Sowieso finde ich, dass wir dann am besten miteinander kommunizieren, wenn wir musizieren. Verwoben bin ich dann. Musik ist einfach unsere stärkste Verbindung. Heute denke ich wieder, was ich für ein großes Glück habe, in einer Musikerfamilie groß zu werden.

Am Ende des Konzertes aber wartete noch eine Überraschung auf mich: auf einmal stand Herr Emge da. Meine Mutter hatte ihn zu dem Konzert eingeladen, davon hatte ich gar nichts gewusst. Und weil sein Sohn ihn fahren konnte, war er dabei. Es war das erste Mal, dass er mich öffentlich spielen gehört hat, nein, überhaupt das erste Mal. Aber ich glaube, er fand es ganz schön.

9. November

70 Jahre ist es her, dass die Synagogen brannten und die jüdischen Geschäfte zerstört und geplündert wurden. Natürlich auch hier bei uns. „Licht und Schatten" hieß das Konzert, auf dem ich heute im Rahmen der Gedenkveranstaltung unserer Stadt gespielt habe. Und ich durfte „Theme of Schindlers List" spielen. Jetzt spiele ich das Stück schon so lange, aber jedes Mal fühlt es sich anders an. Heute habe ich die ganze Zeit an Herrn Emge gedacht, für ihn gespielt. Ihn will ich trösten, wenn er schon nicht mehr glücklich sein kann. Ich habe mir vorgestellt, er säße im Publikum und geige für ihn. Für seinen Schmerz, seinen Verlust, die viele Angst, die er aushalten musste, und sein ganzes Leid.

Das Programm anschließend war wunderschön. Es gab viel jüdische Musik. Ernest Bloch: Baal schem aus „Nigun" für Geige und Klavier. „Kaddisch" aus den „Chansons hébraïques" für Sopran und Klavier von Maurice Ravel. Danach von Felix Mendelssohn-Bartholdy die Sonate 6 d-Moll, („Variationen über „Vater unser im Himmelreich"), für Orgel. So wundervolle Musik – von den Nazis war das alles natürlich verboten, weil es jüdische Komponisten waren. Das Programm hat mich sehr bewegt und berührt, das Ende hat wunderbar gepasst – mit Musik kann man, kann ich, auf jeden Fall, beten. Da war es umso schöner, dass das Konzert in einer Kirche stattgefunden hat.

Weihnachten

Ich habe lange nichts geschrieben. In den Wochen vor Weihnachten hatten wir alle viel zu tun: viele Konzerte natürlich, das ist die Zeit, in der meine Mutter immer die meisten Engagements hat, aber auch alle Schüler von ihr haben irgendwelche Aufführungen. Mein Vater hat an der Hochschule in Essen mehr zu tun, ich musste in Köln an der Hochschule Prüfungen machen und für die Zwischenprüfung am Ende des Semesters lernen, in der Schule war so viel los, Adventsbasar, Klassenspiel … Weihnachten war wunderschön. Wir sind immer ganz viele, bestimmt fünfzehn. Und auch viele Kinder, dieses Jahr auch ganz kleine. Karla war mit dabei, meine kleine Patentochter. Ich wollte so gerne ihre Patin sein, und obwohl ich noch nicht so alt bin, waren ihre Eltern einverstanden. Der Heiligabend ist ein Dauerfest: erst singen wir alle, oben am Flügel im Wohnzimmer. Da steht zum Glück außer einem Lesesessel sonst nichts drin, das heißt jetzt an Weihnachten schon noch der Baum, so passen wir alle um den Flügel. Jeder darf sich ein Lied wünschen – und irgendeiner fängt immer an zu improvisieren. Dann hat jeder für jeden genau ein Geschenk, es darf immer nur eines ausgepackt werden und alle schauen zu. Ich liebe es! Und dann gibt es Essen.

Wie immer habe ich viele Bücher geschenkt bekommen, ich hatte mir auch wieder welche zur Nazizeit gewünscht. Seit ich Herrn Emge kenne, ist mein Interesse noch viel größer geworden. Mein Bruder findet das „voll nicht normal", das würde sich doch kein normaler Mensch antun. Aber mich interessiert es eben.

Morgen fahre ich für ein paar Tage zu einer meiner drei besten Freundinnen, Hannah, nach Süddeutschland. Ich liebe meine Freundinnen – mit jeder verbindet mich etwas anderes. Mara kenne ich schon lange. Seitdem sie aber vor einem Jahr in das Haus gegenüber gezogen ist, können wir oft bei der anderen übernachten. Mara ist ganz offen, wir machen immer total unterschiedliche Dinge. Lisa ist meine beste Freundin in der Schule. Wenn ich die nicht hätte! Sie ist total beliebt, alle mögen sie. Ich mag Lisa – und sie mich auch. In der Schule sind wir viel zusammen, wenn es um die Lehrer geht, sind wir immer einer Meinung. Und Hannah eben. Hannah habe ich mal in Reiterferien kennengelernt. Das waren Ferien für Kinder mit und ohne Behinderung. Hannah war mit einem ihrer Brüder da, David – und wir haben uns gleich gut verstanden. David war immer mit Jerry zusammen, auch ein Freund von mir. Hannah will vielleicht auch Musikerin werden. Fagottistin. Sie hat auch in dem Bachkonzert mitgespielt, mein Vater hatte

*ihr eine Stimme geschrieben. Oder Tierärztin. Auf jeden Fall
versteht sie alles, was mit Musik zu tun hat und nicht nur das
natürlich. Und morgen darf ich zu ihr fahren.*

Karfreitag 2009

*Ich sitze bei Jana in Köln auf dem Balkon. Scheint's, ich kom-
me wirklich nur in den Ferien zum Schreiben. Die letzten Tage
habe ich mit Mara einen Schauspielkurs an einem Theater in
Bonn gemacht – das hat unglaublich viel Spaß gemacht!*

*Jana ist die Mutter von Karla, meiner kleinen Patentochter.
Es ist richtig warm, wie im Sommer. „Jetzt ist Karla eingeschlafen." Jana kommt zu mir. „Was möchtest du trinken?" –
„Kaffee!" – „Kaffee?" – „Zu Hause darf ich auch manchmal
einen Espresso nach dem Essen, ich finde das so lecker."
„Okay, aber ich hoffe, das bringt mir keinen Ärger mit deiner
Mutter." „Nee, die erlaubt es viel eher als mein Vater." „OK,
Kaffee für dich, Tee für mich." Mit Jana kann ich mich gut
unterhalten. Ich lege mein Buch weg. „Was hast du denn da
gelesen?" – „‚Dank meiner Mutter.'"*[24] *„Und worum geht es
da, wer verdankt denn da seiner Mutter was?!" „Es geht um
Schoschana, eine Elfjährige. Und sie verdankt ihrer Mutter das
Leben. Als die Deutschen Wilna besetzt haben, wird sie zu-
sammen mit ihrer Mutter in das Konzentrationslager Kaiser-
wald ..." – „Ich glaube es nicht, liest du schon wieder ein
Buch über die Nazizeit? Hast du nicht bald mal genug davon?
Die Sonne scheint, die Bäume bekommen Blätter, die Welt
ist schön, Mädel!" „Jaha, aber das weiß ich doch. Und wir
hatten heute einen wunderschönen Tag mit Karla im Zoo.
Du redest wie alle! Alle finden es komisch, dass mich diese
Zeit so interessiert. Du musst doch mal was anderes machen,
das kann man ja nicht aushalten, so'n Zeugs sagen alle und
machen sich Gedanken, ob ich davon nicht den Schaden krie-
ge. Oder umgekehrt, dass ich einen Schaden habe, weil nur*

so mein Interesse zu erklären ist. Dabei ist das so ein tolles Buch. Es bewegt mich unheimlich, wie schlau und wie tapfer Schoschanas Mutter ist." – „Ach so, das ist das Buch! Deine Mutter hat mir schon davon erzählt. Da muss es eine furchtbare Stelle geben, in der die Mütter von den Kindern getrennt werden. Deine Mutter konnte das nicht weiterlesen. Ich würde es sicher gar nicht anfangen zu lesen." – „Klar ist diese Stelle grausam. Und wie. Aber es ist doch auch toll, dass ihre Mutter es schafft. Alle anderen Kinder sterben. Schoschona nicht, weil ihre Mutter es wieder und wieder und noch einmal neu versucht, durch eine Absperrung der Deutschen durchzukommen. Sie gibt einfach nicht auf! Das finde ich so toll. Sie packt die große, elfjährige Schoschana in einen Rucksack – und sie schafft es!"

Ich habe mich in Rage geredet. Jana sieht mich aufmerksam an, lässt mir Zeit. „Aber ich glaube, es ist nicht nur, dass ich es so spannend finde. Irgendwie lese ich auch anders als ihr. Herr Emge hat mal gesagt, ich bleibe so cool. Auf eine Art stimmt das. Mir ist ja immer klar, dass ich das nicht selber fühle, nicht selber erlebe. Ich fühle mit, natürlich. Aber ich habe es doch nicht selbst erlebt. Das greift mich auch an – aber nicht so total wie bei euch." „Vielleicht hängt es damit zusammen, dass uns das Elternwerden so verändert. Als ich so alt war wie du, wäre es mir vielleicht wie dir heute gegangen. Weißt du, ich empfinde so viele Dinge anders, seitdem Karla auf der Welt ist. Niemals hätte ich gedacht, dass ich für ein Wesen so viel, so tief empfinden kann. Dieses Gefühl kannte ich einfach nicht, es war einfach da, als sie mir Karla in die Arme gelegt haben. Als ginge ein Tor im Boden auf, das vorher nie sichtbar war. Darunter erstreckt sich endlose Weite, bis zum Rand mit Liebe gefüllt." Janas Stimme ist ganz weich geworden. „Aber gleichzeitig war nie gekannte Angst dabei. So viel Angst, diesem zauberhaften Wesen könne etwas zustoßen. Auch dass sie nur von einer Mücke gestochen werden könnte, würde ich am liebsten verhindern."

Nachdenklich rührt sie Honig in ihren Tee. „Wie ist das denn gewesen, als Herr Emge dir erzählt hat?" – „Das ist nochmal wieder anders. Das ist ja kein Buch. Da weiß ich ja immer, dass er das alles erleiden musste. Aber manchmal frage ich mich schon, wie ich verstehen soll, was da passiert ist. Er hat so viel verloren, seine ganze Familie. Ich habe noch nie jemanden verloren, den ich lieb habe."

Ostersonntag

Nach dem supergemütlichen Osterfrühstück ist es wie jeden Sonntag: Mein Vater fährt nach Köln, er muss die Orgel spielen in St. Maria im Kapitol, ich übe Geige, jeder geht seinen Aufgaben nach. Das Telefon klingelt. Meine Mutter nimmt ab. „Judith! Kommst du bitte mal."

Als ich Mamas Gesicht sehe, ganz weiß, ganz starr, weiß ich schon, dass etwas Schlimmes sein muss. Kathrin ist am Telefon, Lisas Mutter. Komisch, Lisa ist doch in Frankreich, zwei Wochen mit ihrem Kanuverein paddeln. Warum ruft sie mich denn an?

„Judith." Kathrin klingt ganz anders als sonst. „Judith, bitte setz dich erst hin. Ich muss dir etwas Schreckliches sagen: Lisa ist tot."

„Tot?"

Am Karfreitag ist in der Ardèche eine 12-jährige Deutsche ertrunken. Sie war zusammen mit ihrem Verein auf einer Trainingsfahrt durch die Schlucht im Abfahrtsrennboot unterwegs. Das Mädchen kenterte und tauchte nicht wieder auf. Wir kamen mit unserer Gruppe (Wildwasserkurs) dazu, als das Kind bereits seit ca. zehn Minuten unter Wasser war. Unsere Guides bargen das Mädchen

und versuchten bis zum Eintreffen des Notarztes
vergeblich, es wiederzubeleben. Das Mädchen
trug eine leichte Schwimmweste und einen Helm.
Stelle: Anfang der Schlucht, Stromschnelle Dent
Noire, Felsen am linken Ufer, es gibt dort eine
Unterspülung. Der Wasserstand war gut, alle
Stromschnellen ließen sich auch in der Innen-
kurve befahren.
www.outdoorseiten.net[25]

Abends

*Ich weiß gar nicht, wie ich den Tag überstanden habe. Erst
habe ich nur geweint. Dann bin ich raus in den Garten. Ewig.
Ich habe aus Stöcken einen kleinen Altar gebaut, bin rum-
gelaufen, habe mich in den Baum gesetzt, in dem ich mit Lisa
immer in unserem Garten war, habe Mama gesucht. Und
konnte es nicht glauben. Als Papa nach Hause kam, hat er
entsetzt gefragt: „Was ist denn hier los?" Er wusste es ja noch
nicht. Ich glaube, ich habe den ganzen Tag nur geweint. Lisa
ist an Karfreitag gestorben, nachmittags. Ich kann es nicht
glauben, niemand kann es glauben, aber als ich mit Jana am
frühen Abend auf dem Balkon saß und wir darüber redeten,
dass ich noch nie jemanden verloren habe, den ich lieb habe,
da war Lisa schon tot.*

Ostermontag

*Nach dem Frühstück hat Mama mich zu Kathrin gefahren. Die
musste aber zum Bestatter, so war ich mit Lisas Großeltern
allein. Ihre Großmutter ist mit mir in Lisas Zimmer gegangen.
Da haben wir zusammen gesessen und über Lisa geredet.
„Wie fröhlich sie immer war." – „Ja, das war sie wirklich.*

73

*Sie war mein fröhlichstes Enkelkind." – „Alle haben sie ge-
mocht in der Klasse, alle." – „Ja, das weiß ich, das war ja auch
sonst so, im Paddelklub, in der Musikschule, überall, wo Lisa
war."*

*Ich hatte am Abend mein Freundebuch aus der Grund-
schule herausgesucht. Ich kenne Lisa ja schon seit der ersten
Klasse. Ich zeige ihrer Oma, was Lisa in mein Buch gemalt
hat: eine lachende Prinzessin, die mir zuwinkt: Liebe Judith,
ich habe dich lieb und will immer deine Freundin sein, lesen
wir zusammen aus Lisas großen Anfängerbuchstaben. „Und
schau mal", sage ich zu Lisas Oma: „über ihren Kopf hat sie
einen kleinen Schmetterling gemalt." Lisas Oma fängt an zu
weinen, ich auch, und sie nimmt mich in den Arm. Ich darf so
lange in Lisas Zimmer bleiben, wie ich will.*

*„Such dir ein Kuscheltier aus, wenn du magst", hatte ihre
Mutter noch gesagt. Bevor ich gegangen bin, habe ich Lisas
Plüschhund mitgenommen. An seinem Halsband hängt ein
kleines Herz, auf dem steht, mit Lisas krakeliger Kinderschrift:
von Lisa.*

22. April

*Gestern ist Lisas Sarg überführt und hierher gebracht worden.
Die französische Staatsanwaltschaft hatte es nach der Obduk-
tion erst jetzt erlaubt. Ich wollte mich unbedingt von ihr verabschieden. Mit meiner Mutter sind wir dahin gefahren, wo
sie aufgebahrt ist. Es waren auch andere Kinder da, Nachbarn,
Freunde, Familie. Ihre Oma hat es übernommen, bei Lisa zu
bleiben und jeden zu begleiten, der sie noch einmal sehen wollte. So standen wir zu dritt an ihrem Sarg. Ich hatte gedacht,
Lisa würde aussehen wie im Schlaf. Aber so war es nicht. Sie
sah wunderschön aus, wie immer. Nur: Lisa war nicht mehr
da. Das war nicht die Lisa, die ich kannte. Ich habe ihre kal-
ten Hände berührt. Das war ein bisschen unheimlich – aber
deutlich: Lisa war nicht mehr da.*

Heute ist Lisa beerdigt worden. Obwohl es so traurig war, war es eine sehr schöne Feier. Wir waren bestimmt dreihundert Menschen, unheimlich viele Kinder. Ich habe auf der Orgelempore gestanden. Ihre Mutter hatte mich gefragt, ob ich für Lisa etwas spiele. Wir haben „Slipped away" von Avril Lavigne ausgesucht. In der letzten Zeit war es Lisas Lieblingslied geworden. Auf der Fahrt nach Frankreich hatte sie es sogar übersetzt!

Am Altar stand ein großes Herz aus Holz und alle konnten ein Teelicht darauf stellen. Von oben sah es aus wie ein Lichtermeer. Die Kirche hat bodentiefe Glasfenster. An der Scheibe ist die ganze Zeit ein Eichhörnchen neugierig gucken gekommen. Ein kleines Mädchen aus dem Kanuverein hat gesagt: „Das ist bestimmt Lisa. Sie will dabei sein."

Das Schwerste war am Grab zu stehen, als ihr Sarg in die Erde gelegt wurde. Wo ist sie jetzt? Es tat so weh, sie ganz und gar verschwinden zu sehen. Alle Kinder haben Luftballons steigen lassen. Wer wollte, konnte einen Abschiedsbrief an sie schreiben.

Liebe Lisa,
ich habe so viele Tränen geweint,
dass man einen heißen Sommer lang ein Feld
hätte gießen können!
Wo bist du jetzt? Siehst und hörst du mich?
Vergiss mich nicht!
Ich bin unendlich traurig und allein!
Warum hast du uns verlassen,
warum bist du gegangen?
Ich will dich zurückholen,
ich will dich lachen sehen,

doch das Einzige was ich weiß, ist,
dass dein Körper in der Erde liegt.
Ich habe dich verloren, du bist weg für immer...
Es wird nicht mehr dasselbe sein ohne dich!
In Liebe und tiefer Trauer, Deine Freundin Judith

In der Woche danach

Morgens ist es am schlimmsten. Über dem Moment, in dem ich aufwache, schwebt ein klitzekleiner schmerzfreier Raum. Aber nur solange, bis mein Gehirn einsetzt und ich mich erinnere. Dann klappt der Tag wie ein Kipplaster auf mich. Wo ist Lisa jetzt? Und ich soll: aufstehen, frühstücken, trinken, kauen, schlucken? In die Schule gehen? Diesen ganzen normalen Kram, wie soll ich den tun, wenn Lisa nicht mehr da ist? Auf ihrem Platz stehen eine Kerze und eine Blume. Die Kerze brennt in allen Unterrichtsstunden. Lisa fehlt mir so. Wir werden für sie auf dem Schulhof einen Baum pflanzen. Und eine Bank bauen. Mit einem Schild dran. Die Freundschaftsbank für Lisa.

Ich bin froh, dass meine Mutter sich immer Zeit nimmt und so oft mit mir zum Grab geht, wie ich es möchte. Zuletzt waren wir erst gestern da. An ihrem Grab kann ich mit Lisa reden. Sie suchen. Sie fragen. Alles.

Woher weiß man, dass man gestorben ist?[26]

Sally Nicholls

Als ich da stand, weinte, Lisa vermisste und mir alles wehtat, dachte ich auf einmal: wenn es schon so wehtut, seine Freundin zu verlieren – was muss Herr Emge ausgehalten haben?

Polen – Reise in die Vergangenheit

August

Es gibt eine Anfrage: ein Filmemacher will einen Dokumentarfilm über Herrn Emge drehen. Das heißt: wir beide reisen nach Polen. Damit Herr Emge mir nicht nur erzählen kann, was passiert ist, sondern auch zeigen, wo es geschah. Das will ich ja unbedingt, ich will die Konzentrationslager sehen. Erst recht die, in denen Herr Emge war... aber dafür ins Fernsehen? Papa und Mama wissen auch nicht so recht. Sie haben den Regisseur kennengelernt, lange überlegt und dann gesagt: „Wir hoffen, dass man ihm vertrauen kann." Er hat schon einmal einen Film über den Holocaust gemacht – und auch einen Preis dafür bekommen.[27] Meine Eltern haben den Film gesehen und fanden ihn gut. Vor allem aber wollen sie, dass viele Menschen Herrn Emges Geschichte sehen können. Meine Mutter lässt mich aber auf keinen Fall alleine fahren. Sie wird mitkommen. Der Filmemacher war auch bei uns zu Hause. „Warum lassen Sie Judith auf solch eine Reise gehen? Haben Sie keine Angst um sie?" Meine Mutter hat ihm erklärt, was sie „Seelenmuskeln trainieren" nennt. Erst fand sie ja, ich solle noch warten, bis ich mich mehr mit dem Holocaust beschäftige. Aber als ich partout wollte, habe sie sich gedacht: „Okay, was die Seele so sehr will, wird sie auch verkraften. Dann trainiert sie eben ihre Seelenmuskeln. Das wird ihr nicht schaden. Im Gegenteil."

Wie wird es wohl sein, gefilmt zu werden? Auf jeden Fall werde ich in der Schule nichts davon erzählen.

3. Oktober

Herr Emge hat uns besucht. Zur Feier des Tages habe ich einen Apfelkuchen gebacken. Wir backen nie. Wir haben nicht einmal einen richtigen Backofen, nur so ein kleines Teil, das auf dem Kühlschrank steht. Unbedingt aber wollte ich Herrn Emge richtig empfangen. Unsere Nachbarin, die ganz viel backt, hat mir ein einfaches Rezept empfohlen. Als die Uhr klingelte und der Kuchen fertig war, war Herr Emge schon da. Meine Mutter hat ihm erzählt, dass es mein erster Kuchen ist. „Na, das konnte ich aber früher als die Judith!" Und dann hat er eine Geschichte erzählt.

Pflaumenknödel mit Zimt und Zucker

חזי Es geschah noch in Bochnia, also im Ghetto. Alle waren schon deportiert worden, von vielen Tausenden waren nur wir hundert geblieben. „Judenrein" hieß das. Wir waren das kleinste Ghetto in Polen. Fünf Tage lang lebten wir in völliger Ungewissheit. Dann kam der Lagerkommandant: „Ihr seid hier, um aufzuräumen. Jede Gruppe bekommt eine Aufgabe." Am Ende wandte er sich uns wenigen verbliebenen Kindern zu. Zwölf waren wir noch, ungefähr zwischen acht und dreizehn Jahre alt. „So, und ihr macht eine Kinderkolonne. Sammelt alles in den Wohnungen, was ihr finden könnt. Glas, Porzellan, Geschirr, alles." Er schaute mir direkt ins Gesicht: „Du bist der Anführer! Du musst der Gruppenführer sein!" Alles in mir sträubte sich. „Ich bin für die Gruppenführung nicht geeignet." Ungläubig schaute der Kommandant mich an. Hatte ich gerade widersprochen? „Du bist der Anführer, sage ich." – „Nein, das kann ich nicht." – „Dafür könnte ich dich erschießen – aber ich bin ja kein Barbar."

Unsere Kinderkolonne nahm die Kinderwagen und fing an, in den verlassenen Häusern zu sammeln. Wir haben nicht einmal gefragt, wo die Babys geblieben sind. Alles brachten wir zu einer Sammelstelle. Bei diesen Aufräumzügen durch das Ghetto standen wir eines Tages in einem Einfamilienhaus mit einem großen Garten. Wir haben alle Schränke aufgemacht. Als ich in der Küche eine Klappe öffne, sehe ich Mehl. Ich traue meinen Augen kaum, so ein Luxus! Ich fange an zu stöbern, finde Zucker. Das gibt's doch gar nicht! In Gedanken bringe ich die Sachen schon meiner Mutter mit, träume: was sie alles daraus machen könnte. Dabei gehe ich raus in den Obstgarten – da hängen riesengroße, wunderschöne Pflaumen! „Kommt alle, schnell! Wir machen Knödel mit Pflaumen! Mehl haben wir, Wasser ist auch da!" Sogar Zimt haben wir gefunden. Ich wusste schon lange, wie man Desserts macht. Ich hatte immer meinem Kindermädchen zugeschaut, süßen Reis konnte ich schon mit acht Jahren kochen. Ich mache die Knödel, die anderen helfen. Im Holzofen machen wir Feuer. Wir vergessen völlig, wo wir sind.

Auf einmal steht jemand neben mir am Herd und hebt den Deckel des Kochtopfes hoch. „Was ist das denn?" Der Lagerkommandant, zusammen mit zwei SS-Offizieren. Wir erstarren alle. Natürlich ist es strengstens verboten, was wir hier tun. Ich stottere irgendwas. „Nochmal." – „Das sind Pflaumenknödel." – „Und wie schmecken die?" – „Ich weiß noch nicht." „Ach, das weißt du noch gar nicht? Na, dann werden wir mal sehen, ob du kochen kannst." Zu den andern Kindern sagt er: „Macht den Tisch sauber", und zu den Offizieren: „Nehmen Sie Platz, meine Herrschaften, zu Tisch bitte. Wollen wir doch mal schauen, ob er Knödel kochen kann." Ich fange an zu zittern. „Sind die Knödel schon fertig?" – „Ich hoffe ja." – „Na, dann probier mal." Ich nehme einen Knödel aus dem Topf, schneide ihn auf: „Ja, die sind schon gut." – „Dann los, Junge."

Es war kein großer Topf. Heute noch sehe ich ihn vor mir: zehn Knödel passten hinein. Jeder hat drei Stück bekommen. Als sie auf den Tellern lagen, wollten die Männer schon anfangen zu essen. „Moment, Moment, da fehlen noch Zucker und

Zimt." Da haben sie gelacht. Und gegessen. Ich habe serviert und auf mein Ende gewartet. Der Kommandant steht auf und sagt. „Wie viel sind noch übrig?" „Da wären noch zehn Knödel." – „Die zehn Knödel bringst du mir jetzt in meine Wohnung. Du musst sowieso kommen, der Hund braucht Auslauf." Dann gingen sie. Als sie weg waren, wurde aus der zu Tode geängstigten Kinderkolonne eine ausgelassene Kinderbande. Die ganze Gruppe hat angefangen zu tanzen und zu singen. Die Kinder aus frommen Familien haben gebetet und Gott gedankt: wir waren der Gefahr entronnen.

Als ich nach Hause kam, hatte sich die Geschichte schon herumgesprochen. Ich habe solche Prügel bekommen, weil meine Mutter furchtbare Angst gehabt hatte. „Das hätte dein Ende sein können", hat sie geschrien: „Das machst du nie, nie wieder. Nie wieder, hörst du. Du machst deine Arbeit und sonst nichts. Keine Extravaganzen." Es war das zweite und das letzte Mal, dass meine Mutter mir Ohrfeigen gegeben hat.

Während der ganzen Geschichte habe ich mich nicht getraut, den Apfelkuchen zu essen. Er ist mir buchstäblich im Hals stecken geblieben. Herr Emge hat den Kuchen sehr gelobt. Vielleicht war er aber nur höflich. Ich habe mich schrecklich aufgeregt. „Das ist doch unverschämt, nicht mal probieren durften Sie!" – „Unverschämt?" hat er geantwortet. „Aber wir waren doch froh, nein, glücklich waren wir, dass es so gelaufen ist. Wir sind nicht erschossen worden." Ich war schon beim Hören der Geschichte so sauer auf diesen Kommandanten. So sauer. Wie kann der die Kinder, die schon fertig gekocht hatten und die immer hungrig waren, nicht mal probieren lassen? Und das soll dann auch noch eine gute Tat gewesen sein!

Das erste Weihnachtsfest ohne Lisa. Am Morgen vom Heiligen Abend sind wir zu Lisas Grab gegangen. Es war mit Tannenzweigen, duftenden Bienenwachskerzen und Holzsternen geschmückt. Eine Freundin von ihr hat von Lisa geträumt: Lisa ging im Traum weg von ihr und sagte dabei: „Schade, dass ich schon gehen muss."

Zu mir sind alle dieses Jahr besonders nett, noch netter als sonst. Die Musikkapelle aus den vielen, vielen Erzgebirgsengeln, die meine Mutter geerbt hat, ist auf dem Flügel aufgebaut. Irgendjemand aber hat den Engel am Klavierflügel in die Mitte gestellt, einen hingebungsvoll schmetternden daneben. Und dazwischen einen kleinen, der Geige spielt. Das war so schön, dass es auch schon wieder weh getan hat. Es gab eine große Überraschung für mich. Ein bisschen ahnte ich davon: ein neues Zimmer für mich. Mein großer Bruder ist ausgezogen, meine Eltern haben einen Durchbruch machen lassen zu seinem alten Zimmer, und das große, neue Zimmer wird meins. Das wusste ich schon. Aber ich wusste nicht, was mich erwartet. Feierlich musste ich ein dickes, weinrotes Band im Flur durchschneiden. Und dann durfte ich hinein: Es ist wunderschön geworden. Die Wände sind in verschiedenen Rottönen gemalert, in die Tapete Rosenbahnen eingearbeitet. Mama kommt eben von der Oper! Ein Teil des Zimmers hinter dem Durchbruch ist abgetrennt. In dem kann ich jetzt üben und in dem steht auch das alte Klavier. Mama hat mir auch ein neues Tagebuch geschenkt. Für die Drehreise nach Polen. Und natürlich Bücher. Gewünscht hatte ich mir eines über Alma Rosé, die Nichte von Gustav Mahler – vielleicht, weil sie auch Geigerin war. Vielleicht, weil die Geige auch über mein Schicksal entschieden hätte? Auf jeden Fall, weil Musik so ungeheuer wichtig für sie war.

> Alma Rosé war im wahrsten Sinn die Leiterin
> unseres Orchesters. Sie zog uns alle in den Bann
> ihres Wahns, aus dem Repertoire, das wir spielten,
> etwas Perfektes zu machen. Wer von uns über-
> lebte, verdankt es ihr. Sie war eine stolze Frau –
> würdevoll und unnahbar.
>
> *Anita Lasker-Wallfisch*[28]

*Ich bin glücklich, dass meine Eltern mich ernst nehmen und
dass sie mich in dem, was ich tun möchte, so sehr unterstützen. Sie haben mir „Alma Rosé, Wien 1906 / Auschwitz 1944,
Eine Biographie" geschenkt, wie ich es mir gewünscht hatte.
Ein dickes Buch.*

*In den Ferien treffen wir uns wieder mit Herrn Emge.
Dieses Mal darf ich nicht vergessen, mit ihm über Musik zu
sprechen. Am liebsten würde ich ja mit ihm musizieren – aber
das geht leider nicht mehr, weil er schon vor vielen Jahren an
Parkinson erkrankt ist.*

Für Musik riskiere ich mein Leben

Wo immer Musik war, wo immer ich Musik hörte, hat
sie mich angezogen. Was bin ich als ganz kleiner Junge
weggelaufen, um Musik zu hören! Weniger die Blaskapellen
als immer die Streichinstrumente: Geige, Bratsche, Cello, das
waren meine Klänge. Ich war noch nicht einmal ein Schulkind,
als ich deswegen einen Riesenärger zu Hause heraufbeschwo-
ren habe. Eine Zigeunerkappelle, Straßenmusiker, waren am
Haus vorbeigezogen, und ich nichts wie hinterher. Bestimmt
zwei oder drei Kilometer bin ich mitgelaufen, nur um zuhören
zu können. Zu Hause haben mich alle schon gesucht, selbst
die Polizei hatte meine Mutter schon eingeschaltet. Es gab das

größte Palaver, an das ich mich erinnern kann, meine Mutter war so sauer und so nervös, dass ich Prügel bezog. Das war die erste von zwei Gelegenheiten, bei denen meine Mutter mich geschlagen hat.

Bevor wir dann nach Plaszów kamen, musste ich meine Geige zurücklassen. Als die Aktion „Judenrein" im Ghetto Bochnia lief, hat meine Mutter darauf bestanden. „Pack die Geige aus. Die können wir nicht mitnehmen. Viel zu schwer." – „Aber wir haben es immer geschafft, sie mitzunehmen, warum also nicht dieses Mal auch?" – „Dieses Mal ist es eben anders. Sie werden sie dir sowieso wegnehmen, oder du musst sie unterwegs wegwerfen." – „Vielleicht könnte ich den Rucksack mit meinen Sachen hier lassen und dafür die Geige einpacken", ich ließ nicht locker. Wie sollte ich ohne die Geige leben? „Weil es nicht geht. Was willst du? Was machst du, wenn es kalt wird? Kannst du deine Geige dann anziehen? Nein? Dann pack jetzt den Pullover ein. Mach schnell, sage ich dir, wir haben keine Zeit zum Streiten."

Traurig stellte ich die Geige zurück. Mir war, als würde ich mein altes Leben auf den Boden stellen. Aufgeben konnte ich aber nicht. Ein paar Tage später, als nur noch wir letzten hundert blieben, um das Ghetto aufzuräumen, zusammengepfercht in einer winzigen Ecke von Bochnia, habe ich mich heimlich in unser altes Quartier zurückgeschlichen. Wer weiß, vielleicht war die Geige ja doch noch da! Aber sie war weg. Zwei, drei Tage lang habe ich mit niemandem gesprochen. Meine Welt war zusammengebrochen. Von Haus zu Haus bin ich gelaufen, immer in der Hoffnung, eine andere Geige zu finden. Es war nichts zu machen. Die Deutschen, die Ukrainer, die Letten hatten die Wohnungen regelrecht geplündert. Wenn die irgendwo ein Instrument, eine Klarinette, eine Geige gesehen haben – dann waren die sofort weg. Einige Zeit habe ich dann einen Stock gehabt, einen langen Stock, den habe ich mir ans Kinn gehalten und geübt. Damit habe ich erst aufgehört, als wir ins Konzentrationslager abtransportiert wurden. Da war mir nicht mehr nach Geigen. Aber an Musik habe ich weiter gedacht.

Als wir in Plaszów ankamen, mussten wir alles abgeben. Koffer, Rucksäcke, all unsere persönlichen Sachen. Pullover, Unterwäsche, die ganze Kleidung. Brillen. Bis wir so da standen, wie wir geboren waren. Nackt. Und dann wurden wir noch geschoren.

Kein Zweifel, Plaszów war einer der Ringe von Dantes Höllenkreisen. Aber es kann nicht der innerste gewesen sein, ein winziges Stückchen Himmel habe ich dort doch gefunden. Diese Grüße aus dem Himmel verdanke ich den Rosners, den berühmten Rosner Brüdern. Die Rosners waren eine Musikerfamilie, ich hatte viel von ihnen vor dem Krieg gehört.[29] Als wir nach Plaszów kamen, hörte ich immer mehrmals am Tag einen von ihnen spielen.

> In der jämmerlichen Masse von 30 000 Häftlingen in Plaszów, wo beinahe jeder gleich aussah, gleich roch, hungerte, zitterte, verzweifelte und sich vor den gleichen Dingen fürchtete, behielten die Rosners ihre Identität: Sie waren Musiker. Sie waren nicht einfach nur Nummern.
>
> *Elinor J. Brecher*[30]

Der jüngste der Brüder, Wilhelm Rosner, spielte Horn. Er blies uns von morgens bis abends den Lagerrhythmus: wecken, essen, arbeiten, was immer wir zu tun hatten, Wilhelm Rosner teilte es uns mit. Oft sah ich ihn und seine Brüder, begleitet von Wachleuten, mit ihren Instrumenten in die Villa von Amon Göth marschieren. Sie müssen mutig gewesen sein, sie spielten den Deutschen auch jüdische Lieder auf. Und die Deutschen klatschten.

Henry spielte die Fiedel, sein Bruder Leopold, genannt Poldek, das Akkordeon. Sie unterhielten Hauptsturmführer Amon Göths Partygäste mit musikalischen Nettigkeiten und servilem Lächeln. Und manchmal, wenn Amon Göth nach einem langen, harten Tag, an dem er Juden gefoltert und gemordet hatte, schläfrig wurde, spielten sie Schlaflieder an seinem Bett, geleiteten ihn in seine Träume. „Er mochte deutsches Liedgut", erzählt Henry. „Er hatte ein sehr gutes Gehör und konnte immer sagen, wann ich die Violine wechselte." Häufig wurden die Brüder nach einer Mordorgie zum Spiel gerufen, „um sein Gewissen zu beruhigen", wie Henry es formulierte. (…)

Eine von Henry Rosners deutlichsten und schönsten Erinnerungen an seine Tage ‚musikalischer Dienerschaft' dreht sich um einen Vorfall in der Villa. Er wird nie müde, davon zu erzählen. Amon hatte die übliche Runde vergnügungssüchtiger Nazis eingeladen, alle reichlich angeheitert von alkoholischen Getränken vom Schwarzmarkt. Spät am Abend stimmten die Rosner Brüder auf Bitten eines Offiziers der Waffen-SS eine sentimentale und melancholische ungarische Melodie namens ‚Letzter Sonntag' an. Sie spielten sie einmal, dann noch einmal und noch einmal. Henry bemerkte, dass der Gast zunehmend trübsinniger wurde. Sie spielten es ein viertes und ein fünftes Mal, erstaunt darüber, dass Göth ihnen nicht signalisierte, etwas Fröhlicheres zu spielen. (In ‚Letzter Sonntag' geht es um einen jungen Mann, der beschließt, für seine Liebe zu sterben.) Henry konzentrierte sich auf den unglücklichen Offizier. Er überzeugte sich selbst davon, dass er diesen

Mann in den Tod fiedeln könnte. Sechs, sieben,
acht. Der Offizier hielt es nicht länger aus. Neun,
zehn Mal hintereinander! Er schleppte sich zur
Balkontür, riss sie auf und Peng! Henry erzählt:
„Er schoss sich einfach in den Kopf – Peng!" (…)
Einige Menschen kennen diese Geschichte aus
Thomas Keneallys Buch „Schindlers Liste."

Elinor J. Brecher[31]

Wenn ich die Rosners mit ihren Instrumenten unterm Arm zur
Villa ziehen sah, vor allem Henry mit seinem Geigenkasten,
dann wusste ich nie, ob ich neidisch sein sollte. Oder doch
lieber froh, dass ich nicht ins Innerste der Hölle musste, ins
Epizentrum von Göths blutrünstigen Herrschaftsausbrüchen?
Meistens war ich neidisch und froh.

Ich vermisste meine Geige unendlich. Was mir aber niemand wegnehmen konnte, war meine Stimme. Dass ich nicht
geigen konnte, musste ich hinnehmen. Aber singen konnte
ich. Und tat es. Alle Lieder, die ich kannte, Schlaflieder, Volks-
lieder, Kinderlieder. Oder Tonleitern. Rauf und runter. Manchmal Stunden. Singen war in gewisser Weise meine Rettung.

Ab und zu, sonntagnachmittags, wenn wir frei hatten, haben sich die Rosners hingestellt, irgendwo vor eine Baracke.
Henry hat gegeigt, Wilhelm, genannt Bill, trompetet und Leopold, genannt Poldek, Akkordeon gespielt. Die Brüder durften
musizieren, das war erlaubt. Aber uns war es unter Todesstrafe verboten, zuzuhören oder gar stehen zu bleiben. Das
wusste ich zwar – aber ich war machtlos gegen die Anzie-
hungskraft der Klänge. Wenn ich die Rosners hörte, dann hielt
mich nichts. Sofort bin ich raus aus der Baracke und gelaufen
wie ein Verrückter. Stundenlang stand ich still, alles um mich
herum versank. Die anderen haben alle schon gelacht: Abend-
brot, Appell, da war nichts zu machen. Ich war wie hypnotisiert. „Was tust du?", riss der Blockälteste an meinem Ärmel.

„Weißt du nicht, was hier los ist, wenn dich einer erwischt? Komm jetzt, los." – „Ich weiß, aber ich kann nicht weg." Kopfschüttelnd ließ mich der Blockälteste los. Die Klänge waren stärker als die Angst.

6. Januar 2010

Mag ja sein, dass ich von diesen grauenhaften Geschichten nicht viel verstehe – aber das verstehe ich. Und zwar ganz und gar. Wenn ich schon in dieser Hölle hätte leben müssen, ohne Geige, unter diesen bestialischen Bedingungen, dann wäre doch jedes bisschen Musik überlebenswichtig gewesen! Wenn die Musik das einzige ist, was Hoffnung macht, dann kann man das riskieren und wenigstens für diese Zeit ein bisschen glücklich sein, vergessen, was um einen herum passiert.

Furchtbar finde ich, wie die Nazis sich alles, aber auch alles unterworfen haben. Selbst die Musik. Michael Emge hat mir ein Buch in die Hand gedrückt, die Autorin ist eine Bekannte von ihm. „Ihr sollt die Wahrheit erben" heißt es, Anita Lasker-Wallfisch hat es geschrieben. Sie gehörte dem berühmten Mädchenorchester in Auschwitz an. Später hat sie als Cellistin im Londoner English Chamber Orchestra gespielt. Wie schon so oft bei dem Thema, besonders aber wenn auch noch die Musik dazu kommt, hat das Buch mich beim Lesen verschluckt. Michael Emge hat erzählt, wie die Nazis bei den Kindertransporten jüdische Kinderlieder über den Lautsprecher als grausigen Soundtrack einspielten. Wie grässlich ist das denn? Anita Lasker erzählt auch so etwas, und ich habe mich beim Lesen wirklich gefragt, ob ich das gekonnt hätte.

Frage: Wie kommt es, dass Sie so viele Selektionen gesehen haben?

Antwort: Ich spielte im Lagerorchester, und wir mussten am Tor spielen. Das Tor lag genau gegenüber der Eisenbahnstation. Dort kamen die Transporte an, und wir konnten alles beobachten. Der Transport kam an, die SS führte die Selektion durch, und wir waren nur knapp fünfzig Meter entfernt.

Anita Lasker-Wallfisch [32]

33

Ich muss brechen, wenn ich nur daran denke. Da sollte ich also mit meiner Geige an der Rampe sitzen und spielen? Das Schönste, was ich kann und kenne, tun – und diese Verbrecher entscheiden zu meinen Klängen über Leben und Tod? Wie pervers ist das denn? Wenn ich mir das vorstelle, dann finde ich nur einen Ausweg: ich müsste, noch mehr als sonst, für die Menschen spielen. Jetzt für die, die ins Gas gehen müssen. Mit der Musik würde ich bei ihnen bleiben, ihnen die Klänge an die Seite stellen. Bis das Licht, das in allem wohnt, durchbricht und die Welt hell und durchsichtig wird, die Herzen den Himmel erreichen.

Am nächsten Morgen

Ich habe diese Nacht geträumt. Ich war in einer Gaskammer, die Türen waren schon zu – da habe ich von draußen Geigenmusik gehört. Überirdisch schöne. (Kann eigentlich nur Perlman gewesen sein, der da im Traum gespielt hat ☺!) Erst hatte ich Angst wie noch nie in meinem Leben, aber als die Geige anfing zu singen, wurde die Angst erst immer weniger und hörte dann ganz auf.

Gestern durfte ich beim „Salatabend" dabei sein. „Salatabend" ist eigentlich für die Erwachsenen. Wie oft habe ich mit Benni heimlich oben auf der Treppe gesessen, wir haben gelauscht so gut es ging und waren neidisch, weil wir nicht dabei sein durften. Aber beim Salatabend darf man keinen Quatsch machen. Ich meine, lachen und Witze erzählen schon. Aber es muss so sein, hat meine Mutter immer gesagt, dass wir uns richtig unterhalten können. Jedenfalls durfte ich gestern dabei sein. Und habe erzählt, dass das Mädchenorchester an der Selektionsrampe spielen musste. Mein Vater wusste das, meine Mutter ist ganz blass geworden. „Stell dir mal vor, ich müsste singen – und vor mir bekommen die Menschen ihr Todesurteil. Man kann einfach nicht verstehen, was in den Köpfen der Nazis vorging." Ich wollte noch viel wissen, zum Beispiel, warum es so viele Künstler in Theresienstadt gegeben hat. „Naja, unter anderem, weil das das Propagandalager war. Die Künstler, die dort Konzerte gegeben haben, hatten Trans-

portschutz. *Jedenfalls eine Zeit lang. Die Nazis wollten doch zeigen, wie toll es den Juden geht. So toll, dass sie sogar eine Freizeitgestaltung für sie organisiert haben. Und irgendwer musste diese Konzerte ja geben."* – „Freizeitgestaltung, das klingt ja, als sei es etwas Gutes." – „Genau dieser Eindruck sollte ja auch entstehen." – „Ich werde nie wieder Lampenfieber haben! Wenn die da spielen konnten, dann kann ich es auch und immer." – „Wann hast du denn Lampenfieber? Ich bekomme das nie mit. Hier zu Hause jedenfalls nicht", fragt mein Bruder mich ganz ernst. Das ist das Schöne am „Salatabend" – wir reden ja auch sonst viel miteinander, aber beim Salatabend können wir so lange reden und aufbleiben, bis wir wirklich zu Ende erzählt haben. Ich könnte gar nicht soviel lesen, wenn wir hier nicht zusammen darüber sprechen würden, wenn ich hier nicht davon erzählen dürfte.

„Na ja, schon, aber es kommt eben auch ganz darauf an, was es ist. Konzerte sind am schönsten, da habe ich dann am wenigsten Lampenfieber." Wettbewerbe sind ganz anders als Konzerte. Bei einem Konzert freue ich mich auf das Orchester, auf das Publikum. Wenn ich einen Wettbewerb habe, dann habe ich nur die Musik. Ich meine, die habe ich immer, aber da komme ich mir dann vor, als würde ich gewogen und gemessen. „Darf es vielleicht noch eine Viertelnote mehr sein?" Blöderweise wird das mit den Jahren auch nicht besser. Jedenfalls bis jetzt nicht. Im Gegenteil, da wird alles immer komplizierter. Jeder hat eine eigene Vorstellung, wie was gespielt wird, werden muss. Der eine will Bach so spielen, der nächste so, der dritte wieder anders. „Bach spielen auf einem Wettbewerb ist gefährlich", hat jetzt sogar mal jemand aus einer Wettbewerbsjury zu mir gesagt. Wegen dieser festen Vorstellungen. Aber soll ich darum etwa auf meinen geliebten Bach in Wettbewerben verzichten?

15. Januar

Das Thema Musik im Konzentrationslager lässt mich nicht los. Überall muss ich darüber reden. Aber das hat auch sein Gutes, ständig mache ich neue Entdeckungen: Als ich in der Hochschule meiner Freundin Chen-Chen davon erzählt habe, hat sie mir von Alice Herz-Sommer erzählt. Sie ist, wie Chen-Chen, Pianistin und die älteste Holocaustüberlebende der Welt. Chen-Chen hat einen Film über Alice Herz-Sommer zu Hause. Nächsten Samstag, wenn wir wieder Harmonielehre haben, wird sie ihn mir mitbringen.

24. Januar

Eigentlich habe ich versprochen, das Licht auszumachen. Morgen wird ein langer Tag, ich muss noch Hausaufgaben machen, Sachen für die Schule nacharbeiten und müde bin ich, eigentlich, auch. Aber ich kann jetzt unmöglich schlafen. Wir haben alle zusammen den Film über Alice Herz-Sommer geschaut.[34] Das war so wunderschön. Diese Frau ist ein Wundermensch. Was anderes fällt mir gar nicht dazu ein. Eigentlich passiert nicht viel in dem Film, es ist nämlich nur ein Interview, ein einziges. Aber dazwischen spielt sie Klavier. So wunder-, wunderschön. Alles an ihr ist erstaunlich – sie spielt auf einem ziemlich klapprigen Klavier, sie kann gar nicht mehr alle Finger richtig bewegen. Aber dann hat sie diese Musik gespielt. Ganz rein, ganz zart, ganz kraftvoll. Unglaublich. Ich bin noch ganz beseelt. „Da geht es um eine ganz andere Ebene des Spiels, der Musik", hat mein Vater gesagt, „die Vorstellung von der Musik kommt von innen. Es kann nicht anders sein, bei so einem Schepperklavier muss sie die Musik inwendig hören, aus der Tiefe ihres Geistes." Der ganze Raum war voll von ihren Melodien. Meine Mutter war auch ganz ergriffen: „Das ist ja wie ein Gottesdienst, den sie zelebriert." Als der

Film zu Ende war, habe ich mich sofort an den Flügel gesetzt und die Melodie von Schindlers Liste gespielt. Zum ersten Mal nicht auf der Geige – jedenfalls so weit, wie ich gekommen bin.

Aber fast noch erstaunlicher war, was Alice Herz-Sommer im Film alles gesagt hat. Sie hat mal Englisch und mal Deutsch gesprochen. Sie hat von Theresienstadt erzählt, davon, wie Chopins Etüden ihr geholfen haben, nicht wahnsinnig zu werden.

Ich habe eine Gänsehaut bekommen, als sie das erzählt hat im Film. Nachdem sie selber deportiert worden ist, hat sie in Theresienstadt die 24 Etüden von Chopin viele, viele Male aufgeführt. Wie gut, dass sie sich gezwungen hatte, sie auswendig einzustudieren. Ein Segen. Für alle.

In dem Film waren Sätze! Worte wie Juwelen. Sie saß einfach da auf ihrem Stuhl und einer nach dem anderen perlte aus ihrem Mund. Ich habe mir den Film extra nochmal angesehen und immer wieder angehalten, damit ich mir die Sätze notieren kann.

I am Jewish,
but Beethoven is my religion.[35]

Gerade Beethoven – er ist einer der Komponisten, die ich am frühesten entdeckt habe. Nie werde ich das vergessen: Wir waren im Urlaub und ich hatte meinen Kassettenrekorder mit. Gerade hatte ich eine neue Kassette geschenkt bekommen und im Urlaub hatte ich Zeit, sie zu hören. So eine Kassette, auf der große Musiker Kindern von großer Musik erzählen. Ich war sechs und alle wussten schon von meiner Liebe zu Itzhak Perlman. Deswegen war es auch eine Kassette, die er eingesprochen hatte. Ich weiß es alles noch genau. Es war die Beethoven-Romanze F-Dur. Nachdem ich sie einmal gehört hatte,

92

konnte ich nicht mehr aufhören. Beim Abendprogramm woll-
te ich sie wieder und wieder hören. Ich hatte Glück, dass Ferien
waren – nach dem dritten Mal durfte ich den Kassettenrekor-
der mit ins Bett nehmen. Ich habe gehört, bis ich eingeschlafen
bin. Am nächsten Morgen hatte ich auf der Wange Abdrücke
von den Einschaltknöpfen. Wenn ich heute darüber nachdenke:
Beethovens Musik ist wie eine Sprache, ich habe einfach so-
fort alles verstanden. Und war so glücklich, dass es Menschen
gibt, die so sprechen können. Später habe ich gelernt, dass
Beethoven nicht der einzige ist, mit dem es mir so geht. Mit
Bach und später auch mit Schostakowitsch ist es mir genauso
gegangen. Als ich das erste Mal mit Orchester spielen durfte,
mit neun, habe ich dann genau die Beethoven-Romanze ge-
spielt, die ich an dem Abend im Urlaub immer und immer
wieder gehört hatte. Das war am 17. 9. 2006 – und mein Herz
war randvoll mit Glück gefüllt.

I have had such a beautiful life. And life is beautiful, love is beautiful, nature and music are beautiful. Everything we experience is a gift, a present
we should cherish and pass on to those we love.[36]

I never hate. Hatred brings only hatred.[37]

Ich staune und staune. Ganz tief rühren die Sätze etwas in mir
an. Wie eine Sehnsuchtsmelodie im Herzen, die immer da ist.
Eine, bei der man genau weiß, wenn sie anfängt zu klingen,
dann wird alles gut. Aber wie ist es nur möglich, dass Alice
Herz-Sommer solche Sätze sagen kann? „Alles ist ein Geschenk,
ich hatte so ein wunderschönes Leben, das Leben ist wunder-
voll." Wie geht das: Ihre Eltern sind vergast worden, ihr Mann
hat zwar noch den Todesmarsch überlebt, ist dann aber völlig

entkräftet in Dachau gestorben. Sie musste mit ihrem kleinen,
sechsjährigen Sohn in die Hölle von Theresienstadt ... und sagt:
„Ich hasse nie. Hass erzeugt nur Hass." Ich mein, ich weiß
schon, das steht auch in der Bibel, aber da hat es Jesus gesagt.
Dass ausgerechnet sie das sagen kann, wo sie das Grauen
erlebt hat, das ist ein Geheimnis. Oder auch nicht, vielleicht
kann man nur so rein denken und fühlen, wenn man ganz,
ganz tief in das Höllenwesen der Menschen eingetaucht ist.

Music saved my life
and Music saves me still.[38]

Welche Hoffnung für mich, für mein Leben. Wenn Musik selbst
in Theresienstadt Leben retten kann, dann kann ich doch nie-
mals verloren gehen.

Traurig bin ich geworden, als ich über Herrn Emge nach-
gedacht habe. Hätte er doch nur auch selber spielen können!
So wie die Musiker in Theresienstadt. Sie hatten immer ihre
Musik, alles, was sie auswendig konnten. Das Publikum auch,
ja. Aber die Musiker erst! Vielleicht hätte dann das Glück in
Michael Emges Leben auch nach dem Krieg bleiben können.
Nichts (außer natürlich gar nicht erst in die Fänge der Nazi-
Ermordungsmaschinerie geraten zu sein), würde ich ihm mehr
wünschen.

23. April 2010

Ich muss packen. Morgen fliegen wir nach Krakau. Die letzten
Tage waren ziemlich aufregend. Dauernd klingelte das Tele-
fon und der Regisseur war dran. „Wir können vielleicht nicht
fliegen." – „Wir werden fliegen." – „Die Flughäfen sind wieder
gesperrt." Die Aschewolke von diesem komischen isländischen

Lauter-Vokale-Vulkan, dessen Namen ich mir einfach nicht merken kann, hat uns alle in Atem gehalten. Jetzt aber ist es sicher, das Flugzeug wird starten. Ich streite mit meiner Mutter, was in die Tasche kommt. Wir müssen nämlich immer, und das heißt 4, in Worten: vier Tage lang das Gleiche anhaben. Weil man sonst später das Filmmaterial nicht schneiden könne, hat der Regisseur gesagt. Ihhh ... und jetzt soll ich warme Sachen einpacken, damit ich nicht friere. Und was ist, wenn es dann warm wird? „Dann stinken wir eben. Die anderen müssen uns doch riechen können." Typische Mama-Antwort. „Warum packst du denn deinen Geigenkasten ein?" – „Glaubst du, ich fahre ohne die Geige an so einen grausamen Ort? Ich muss doch spielen können." – „Der Filmemacher hat gesagt, kommt überhaupt nicht in Frage. Was ist, wenn mit der Geige etwas passiert. Außerdem, bei dem Programm, das uns bevorsteht, wann willst du denn da noch spielen?" – „Ist nicht euer Ernst!" – „Und wie ernst es ist. Leg die Geige weg und pack die anderen Sachen."

Ich merke schon, keine Chance. Dabei weiß meine Mutter doch, wie es mir mit der Geige geht. Wenn ich sie nur im Kasten auf dem Rücken fühle, dann bin ich schon weniger einsam.

In der Schule weiß nur mein Lehrer, was wir vorhaben. Warum sollte ich es auch erzählen. Ich habe schon Angst davor, dass jemand, der mich kennt, mich öffentlich sieht. Ich weiß ja nicht mal, wie es sein wird, mich selbst zu sehen.

Krakau, 24. April

Wir hatten echte Schwierigkeiten, das KZ „Plaszów" zu finden. Endlich gab es dann doch eine Art Schild mit einem Lageplan, von rechts und links zugewachsen, dahinter ein kleiner Pfad. Es sah aus wie der Anfang eines Wanderwegs. Wir den Trampelpfad entlang, alle im Gänsemarsch hinter

Herrn Emge her: Er vorne mit den Fotos in der Hand, meine Mutter, ich, der Kameramann, der Regisseur mit der Mikrofonangel, Angela mit der Fotokamera ... alle hintereinander und hinterher, so schnell wir konnten. Das muss sehr komisch ausgesehen haben. Zumal Herr Emge immer schneller lief und immer aufgebrachter, immer wütender wurde. Wir waren auf einem hügeligen Freizeitgelände, die Sonne schien, überall waren Menschen unterwegs: Mütter mit Kinderwagen, Jugendliche im Gras mit einer Gitarre, kleine Kinder auf Fahrrädern. Und Hundespaziergänger. Die Hunde konnte ich aber noch am wenigsten anschauen – ich musste immer an die Nazibestien denken, vor allem, als mal ein Schäferhund vorbeikam. Michael Emge hat geschimpft und geschimpft: „Wenn ich das gewusst hätte. Schade, dass wir gekommen sind. So etwas habe ich nun wirklich überhaupt nicht erwartet. So etwas Verwüstetes."

Endlich haben wir oben auf dem Hügel doch ein Denkmal gefunden. Riesengroß sogar. Von dort konnte man auf das ganze Gelände schauen. Und Herr Emge hat vieles nochmal erzählt: vom Leben im Lager, von den Rosner-Brüdern, von seiner Arbeit als Hundepfleger. Immer hat er auf dem Gelände mit den Augen gesucht und gesucht: da war der Appellhofplatz, da waren die Baracken, da die Zwinger. Nur die Villa von Göth und das „graue Haus", in das sein Vater gebracht worden und dann für immer verschwunden war, das konnte er nicht finden. Der Regisseur hatte große Fotos, historische Schwarz-Weiß-Bilder mitgebracht. Darauf waren lauter Scheußlichkeiten: Leichen, die am Galgen baumeln, Hunde, die Menschen zerreißen und so. Das war total unwirklich, in der Sonne zu stehen, in diesem Freizeitgelände, diese Bilder zu sehen und die Geschichten von Herrn Emge zu hören. Der konnte sich aber vor allem nicht darüber beruhigen, was seine Augen sahen. Er hat immer schneller gesprochen und sein Deutsch war plötzlich gar nicht mehr so gut wie sonst.

„Ich habe Wut. Ich habe unheimliche Wut. Wenn ich hier sehe spazieren und Hunde. Das ist ein Erholungsgebiet, mein Gott. Nicht zu fassen, nicht zu fassen."

Schließlich sind wir zurückgegangen. Unser Regisseur Martin war überhaupt nicht zufrieden mit den Aufnahmen, er lief ein paar Schritte vor uns und dachte laut nach. „So kann ich das nicht verwenden, das müssen wir nochmal machen, wenn das hier wirklich mal ein Film werden soll." Irgendwie haben wir uns verlaufen. Plötzlich hat sich der Regisseur umgedreht, ist zurückgelaufen, wurde ganz aufgeregt, hat immer gesagt: „Das kann doch nicht sein, das gibts doch gar nicht!" Er hat die großen Fotos durchgeschaut, der Kameramann hat gleich verstanden, hier stimmte was nicht, und angefangen zu drehen.

Am Anfang konnte niemand es glauben. Aber da stand auf einmal, mitten in einem Wohngebiet, die Villa von Göth. Wir haben die Fotos verglichen, haben von der hinteren Straßenseite nachgeschaut – und dann gab es einfach keinen Zweifel mehr. Vor allem, weil Michael Emge als Kind so oft an dieser schrecklichen Villa und diesem Monster Amon Göth vorbei musste – und immer, immer, immer Angst hatte. So schreckliche Angst. Die Villa war bewohnt, aber niemand war da. Alle haben beratschlagt, was jetzt zu tun sei. Nur Jörg, der Kameramann, hat sich auf den Bordstein in den Schneidersitz gesetzt und gewartet. Da habe ich mich daneben gesetzt. Meine übermütige Mutter hat die Situation dann in die Hand genommen. Ist an einer Stelle über den Zaun gesprungen und im Garten verschwunden.

„Man kann von hinten ganz leicht auf die Terrasse. Kommt doch." Naja, ganz so einfach war es dann doch nicht. Herr Emge kann nicht so einfach über den Zaun springen. Aber Aufgeben kennt Mama ja nicht. Sie hat so lange gesucht, bis sie lose Zaunbretter gefunden hat, zwei nebeneinander.

Herr Emge musste sich ganz klein machen. Erst ging es nicht, aber dann hat er die Jacke ausgezogen und schon war er durch. Ich brauchte nur drüber zu klettern.

„Da unten ist der Weinkeller, da, hier." Schon auf dem Weg zum Garten ist Herrn Emge alles ganz genau wieder eingefallen. Die paar Stufen zur Terrasse ist er fast gehüpft, so schnell war er oben.

Als wir da standen, über uns der schreckliche Balkon, und Herr Emge erzählte, da war alles auf einmal völlig präsent. Alles konnte ich fühlen, was er erzählte, alles war, als geschähe es jetzt, jetzt, jetzt. Die Erinnerungen waren so stark, dass Herr Emge gar nicht mehr richtig bei uns war. Und auf einmal war es vorbei.

„Dieser Druck von da oben. Es ist so stark, ich denke er kommt auf den Balkon und erschießt uns." Herr Emge hat sich umgedreht und ist ganz schnell weggegangen. Und ich dachte, der Balkon über mir erschlägt mich gleich. Die ganze Terrasse war immer noch voller Angst.

Abends im Hotel

Bevor ich einschlafen kann, muss ich noch aufschreiben, was eben passiert ist. Nach der Villa haben wir den Bus gesucht. Gregor hat auf uns gewartet. Er wusste natürlich gar nicht, was los war. Gregor ist der Sohn von Michael Emge. Er ist mitgekommen, damit wir jemanden haben, der richtig Polnisch spricht, falls sein Vater zu einem Arzt muss. Er fährt uns auch. Gregor ist freundlich, er ist sehr fürsorglich zu seinem Vater.

Abends wollten wir im Kazimierz essen gehen, so heißt das jüdische Viertel von Krakau. Es ist im Krieg fast nicht zerstört worden. Außerdem gibt es hier jüdische Restaurants – und jüdische Livemusik, darum ging es. Um die Musik von Herrn

Emge – er hat ja nicht nur im Orchester gespielt, sondern auch Caféhausmusik gemacht. In einem dieser kleinen Restaurants sind wir eingekehrt. Eine steile Stiege hinauf ging es wie in kleine Esszimmer. Überall schön eingedeckt, mit Leinen und silbernen Kerzenleuchtern. Über das Essen hat Herr Emge sich schon gefreut, es war wohl ein ganz typisches Essen aus seiner Kinderzeit, was er lange nicht bekommen hatte. Aber dann, als die Musik kam, haben wir uns erst gefürchtet: „Hoffentlich ist das nicht so eine Touristenmusik", haben alle gesagt. War es am Anfang dann leider auch. Nach einer Pause haben die drei Musiker dann aber nochmal gespielt – und dann wurde Herr Emge richtig lebendig. Mit den Fingern hat er den Klarinettenpart gespielt, mit geschlossenen Augen. „Das war richtig klasse Musik." Mir hat sie auch gefallen. Vor allem aber war ich froh, dass es für ihn schön war und er sich etwas entspannen konnte.

Sonntag, 25. April,
im Bus auf dem Weg nach Bochnia

Die Tage sind so voller Eindrücke. Jetzt habe ich etwas Zeit, wir fahren 40 Kilometer von Krakau aus, nach Bochnia, wo das zweite Ghetto war, in das Michael Emge gekommen ist. Hier im Bus ist mir endlich auch wieder warm. Der Himmel ist zwar strahlend blau, wie gestern, aber draußen ist es schneidend kalt. Und heute Morgen, direkt nach dem Frühstück, waren wir in Schindlers Fabrik verabredet. Eine Frau, die bei den historischen Museen der Stadt Krakau arbeitet, hat auf uns gewartet und uns geöffnet. Die Fabrik wird gerade neu gestaltet, deswegen ist sie für Besucher geschlossen. Es war wie gestern in der Villa: es ist aufregend, genau da zu sein, wo sich alles damals wirklich abgespielt hat. Alles haben wir gesehen, was ich mir im Internet mit Angela schon vorher angesehen hatte. Da war das große Fabriktor, die Maschinen, die berühmten Emailletöpfe, die dort hergestellt wurden. Hier hat die Mutter von Herrn Emge also gearbeitet!

Für Herrn Emge war es schlimm. Gerade weil es um seine Mutter ging: „Ich bin noch nie hier gewesen. Meine Mutter hat mir nur von der Fabrik erzählt. Von Montag bis Samstag habe ich mich nach ihr gesehnt, jede Minute. Und nachts schlecht geträumt: „Mama, Mama, Mama", habe ich gerufen im Traum. Aber das ging nicht lange gut. Wir lagen ja auf Pritschen, ganz eng zusammen. Die anderen konnten dann auch nicht schlafen. Also das musste ich mir schnell abgewöhnen. Wenn meine Mutter da war, hat sie mich getröstet, dabei weiß ich genau, dass sie heimlich geweint hat."

Dann hat Herr Emge geweint und meine Mutter auch: „Ich stelle mir das so schwer vor. Mein Gott. Das eigene Schicksal trägt man ja immer irgendwie. Aber sein Kind zurücklassen zu müssen unter diesen Bedingungen, das ist so grausam, echter Horror."

Ich stand die ganze Zeit einfach da und bin immer trauriger geworden. Als wir dann wieder vor dem Tor standen, kam ein so komisches Touristenelektroauto nach dem anderen angefahren. Immer so mit zehn, fünfzehn Leuten drin. Und Stadtführern mit Megafonen. Obwohl die Fabrik geschlossen hat, kamen die Menschen immer weiter. Alles wegen des Films, ,Schindlers Liste'.

Dieser preisgekrönte Film war ein Hit, weltweit. 75 Millionen Menschen sahen ihn im Kino, und als „Schindlers Liste" an einem Karfreitag im deutschen Fernsehen lief, schauten über 6,7 Millionen zu – der Hollywoodklassiker „Ben Hur" schaffte nicht einmal die Hälfte. (www.spiegel.de)[39]

Abends im Hotel

Heute Abend gehe ich nicht zum Abendessen. Ich will nachdenken und alleine sein. Bochnia also. Vor der Reise hatte Herr Emge ja gesagt, wenn es irgendwo für ihn schwierig werde wegen der Erinnerungen, dann hier. Und es wurde schwierig. Aber gar nicht wegen der Erinnerungen, sondern wegen dem, was heute passiert ist. Nichts wies in Bochnia auf das ehemalige Ghetto hin. Das kannten wir ja jetzt schon, aber Herrn Emge hat es wieder total erschüttert. Jede einzelne Straße kannte er noch: die Kowalska, die Leonarda … wir brauchten nicht mal einen Stadtplan, um das Ghetto zu finden. Aber dann hat es eine Weile gedauert, bis wir wenigstens einen Gedenkstein entdeckt haben. Ziemlich klein war der und eher versteckt. Herr Emge hat davor gestanden und immer mit dem Kopf geschüttelt … Es war, obwohl schon wieder die Sonne geschienen hat, eine ganz bedrückte Stimmung. Plötzlich kam ein alter Mann mit einem Rollstuhl auf die Straße vor dem Gedenkstein gefahren. Direkt auf Michael Emge zu, obwohl wir anderen doch auch alle da standen. Der Mann hatte nur ein Bein, über seinem Rollstuhl lag eine Krücke – und er war feuerrot im Gesicht. Sofort hat er losgeschrien, auf Polnisch natürlich. Aber so laut, dass Gregor uns übersetzen konnte: „Immer die Juden! Was willst du hier? Lass uns hier in Ruhe! Los, verschwinde!"

Herr Emge ist ganz weiß im Gesicht geworden, sein Mund war nur noch ein schmaler Strich. Erst hat er was gesagt, das hat keiner von uns verstanden. Aber dann hat er mit der Hand eine wegwerfende Bewegung gemacht und ist weggegangen. Alleine. In eine andere Richtung, weg von uns den Berg runter. Wir haben alle hinterher geschaut, sein Rücken wurde immer kleiner, und niemand wusste so recht, was jetzt gut ist. Schließlich sind Gregor und Angela ihm nachgegangen.

Danach hatten wir noch ein bisschen Zeit. Von Bochnia wusste ich ja schon viel. Herr Emge hat mir zum Beispiel das

Krankenhaus gezeigt, wo er gesehen hat, wie die Nazis alle Patienten erschossen haben und alle Ärzte, bis auf einen, der sich im Keller verstecken konnte. Am Ende sind wir den Weg gegangen, den Herr Emge immer zu seinem Geigenunterricht gegangen ist. Als wir dabei an einem Garten vorbeikamen, ist er wieder fröhlicher geworden.

„Hier stand ein Familienhaus. In dem Garten waren fantastische Pflaumen. Und wunderschöne Rosen. Auf dem Heimweg habe ich immer welche für meine Mutter geklaut. Die hat dann zwar geschimpft, aber ich habe gesehen, wie sich ihre Augen gefreut haben. Zwei Söhne haben hier gewohnt. Trompeter. Wenn ich nach dem Unterricht vorbei kam, haben die am Fenster immer etwas gespielt. Die wollten mich unterhalten und Faxen mit mir machen. Das war immer sehr schön."

Schon wieder im Bus, am frühen Morgen, 26. April – auf dem Weg nach Gross-Rosen

Heute Morgen sind wir ganz, ganz früh aufgestanden. „Wenn es dann noch kein Frühstück gibt, können wir darauf keine Rücksicht nehmen. Wir haben ein dickes Pensum morgen", hatte der Regisseur gesagt. Ich bin aber nicht nur müde, sondern ich fühle mich auch krank. Vor allem habe ich Halsweh. Das ist verrückt, denn das hat gestern ganz plötzlich im Ghetto Bochnia angefangen. Wir standen vor einem Grundstück, auf dem heute ein Einfamilienhaus steht. Ganz am Ende, als nur noch die letzten hundert Juden da waren, haben die Nazis das Haus, das damals hier stand, abgedeckt und die Leichen hineingeworfen und mit Benzin angezündet. „Mehrere Tage hat es gebrannt", hat Herr Emge erzählt, „und die Asche ist auf die Straßen geweht. Immer noch rieche ich den süßlichen Gestank, schmecke ihn im Hals. Das kommt auch in Köln oft vor. Einmal, bei der Dialyse, habe ich die Schwes-

ter gerufen: Schnell, Schwester Karin, schnell. Ich dachte, ich ersticke." Mir ist schlecht geworden, als er das erzählt hat. Und seitdem tut mein Hals furchtbar weh.

Jetzt soll ich aufhören zu schreiben. Martin will, dass Herr Emge mir auf der Fahrt im Bus von seinem Transport von Plaszów nach Gross-Rosen erzählt.

Die Liste

Wir sind doch von Schindlers Liste

ח֯י Eines Tages machte die Nachricht die Runde, dass das Lager aufgelöst werde. Panik kam auf. Viele verließ die letzte Hoffnung, sie hielten die Vorstellung nicht aus, dass es noch wieder schlimmer kommen könnte, und begingen an den elektrischen Zäunen Selbstmord. Nicht nur einmal, viele Male habe ich das gesehen. Nachts wurden die Zäune mit 6000 Volt aufgeladen. Die Leute liefen einfach darauf zu und langten mit beiden Händen an den Stacheldraht. Sie wurden an den Zaun gepresst und in Sekunden verbrannten sie zu schwarzen Kohlekörpern. Es gab sogar spezielle SS-Kommandos, die mit Haken die Leichen abzogen.

40

Einmal, nach dem Abendappell, herrschte ein furchtbares Durcheinander. Es war der Anfang der Lagerauflösung. Fast die ganze Nacht über standen wir am Appellplatz. Es gab Aufrufe, manche nach Nummern, manche nach Namen. Niemand wusste, wo er hingehörte. Alle Ordnung brach zusammen, auch die SS-Männer wussten nicht, welche Leute zu welcher Gruppe gehörten. Ich wurde aufgerufen und hatte nach ein paar Minuten meine Gruppe erreicht. Frauen, ältere Männer aus den Lagerwerkstätten und Kinder in meinem Alter standen da. Auch mein Onkel war in dieser Gruppe – dann bin ich nicht alleine, ging es mir erleichtert durch den Kopf. „Gott sei Dank, dass du da bist, wahrscheinlich fahren wir heute noch weg. Wir sind doch von Schindlers Liste." „Schindlers Liste", das sagte mir rein gar nichts. Es war mir auch egal – ich wollte nur weg aus dieser Hölle.

Ich habe auch niemals erfahren, wie ich auf die Liste gekommen bin. Eine wirkliche Erklärung gibt es nicht. Mein Gefühl, meine Intuition aber sagt mir, dass ich es Franz Müller zu verdanken habe. Er war es, der immer ein Auge auf mich hatte, der mich im Ghetto und in Plaszów zum Hundepfleger gemacht hatte, der mich vor dem Kindertransport bewahrt hatte. Wie gesagt, ich hatte keine Ahnung, dass es eine Liste mit Arbeitern von Schindler gab. Bis heute weiß ja auch niemand wirklich, wie die verschiedenen Listen zustande gekommen sind, wer daran mitgearbeitet hat. Auf jeden Fall hat Marcel Goldberg seine Finger im Spiel gehabt. Und Goldberg hat im gleichen Büro wie Franz Müller gearbeitet. Ich werde es wohl nie erfahren, glaube aber, dass mich Franz Müller auf die Liste gebracht hat.[41] Als wir abtransportiert wurden, hatte ich meine Mutter schon zwei Wochen lang nicht mehr gesehen. Ich hatte ihr gewunken, als sie sich mit den anderen auf den Weg zur Arbeit in Schindlers Fabrik machte.

Was mir Hoffnung machte, war, dass ich überwiegend Fachleute aus den Werkstätten sah – vielleicht wurden wir ja alle noch gebraucht! Wir waren ungefähr 170 Personen. Die ganze Gruppe wurde zum Bahnhof gebracht; aber dass Männer und Frauen wieder zusammen waren, darüber haben wir uns zu früh gefreut. Am Bahnhof wurden Männer und Frauen getrennt in Waggons verladen. Wir waren ungefähr 70 Menschen und standen wie in einer Sardinendose. Was würde mit uns geschehen, welches Schicksal erwartete uns?

Zur Schindler-Fabrik nach Brünnlitz ging es jedenfalls nicht. Vier Tage und drei Nächte lang waren wir unterwegs. Für alle Bedürfnisse gab es nur ein Fass. In einem Wald hielt der Zug. Zwei Freiwillige mussten das Fass leeren – und dann heiße Suppe hinein füllen. Versteht sich, dass niemand von uns etwas aß.

26. April, vormittags

Wir müssen anhalten und aufhören zu drehen. Das ist gut, diese kurze Pause. Irgendwie gibt es Debatten über den Weg. Mir ist so schlecht. Was Herr Emge erzählt, wird immer ekliger. Und noch ekliger. Ich weiß schon gar nicht mehr, wie ich zuhören soll, und dann noch irgendwie geradeaus schauen für die Kamera … jetzt steigen sie alle wieder ein. Wir drehen um. Angela und Gregor sehen nicht glücklich aus. Alle sind furchtbar angespannt. Und jetzt muss ich mir auch noch weiter von dieser Horrorfahrt im Viehwaggon erzählen lassen.

Drei Tage habe ich nichts gegessen oder getrunken, nur in sengender Hitze in dem übervollen Waggon gestanden. Es war zu eng, als dass wir alle hätten sitzen können. Aber wir haben uns so gut es ging trotzdem organisiert. Erst hat die eine Hälfte zwei, drei Stunden gesessen, dann haben wir uns abgewechselt, und die anderen kamen dran. Ich habe Glück gehabt, ich stand an der Wand und noch dazu an einer Spalte. Nachts, in der kühleren Luft, konnte ich da etwas frische Luft atmen. Und hier konnte ich auch rausgucken.

Einmal, vielleicht so um die Mittagszeit, habe ich durch diese Spalte im strahlenden Sonnenschein Kinder gesehen. Weit weg standen ein paar Häuser, da haben sie gespielt. In diesem Moment habe ich mir geschworen, dass ich überleben und eines Tages auch wieder spielen würde.

Irgendwann hielt der Zug am Bahnhof von Gross-Rosen und wir mussten zu Fuß weiter. Bestimmt noch acht Kilometer waren zu laufen. Als wir im Lager ankamen, waren wir alle skeptisch und enttäuscht: warum waren wir hier – und nicht in Brünnlitz? Alle haben gefragt: wo sind wir? Wo ist die Fabrik von Schindler?

Wir waren im Konzentrationslager Gross-Rosen. Bei der Ankunft staunten wir, wie sauber und ordentlich alles war – nach dem Chaos und Durcheinander, das in Plaszów immer geherrscht hatte. Hier gab es kaum SS-Männer, sondern fast nur Kapos. Die Kapos haben nur Ukrainisch gesprochen, absichtlich haben sie nicht auf Deutsch mit uns geredet. Wir wurden zur Desinfektionskammer gebracht. Wir mussten uns nackt ausziehen. Auf beiden Seiten standen ukrainische Kapos mit Eimern, in denen Desinfektionswasser war. Auf Ukrainisch sagten sie: „Nassdaw pachu", das hieß so viel wie „Mach hoch/ zeig die Achseln!" Wir sollten die Arme heben, einer von ihnen hatte eine Rasierklinge, ein rostiges, stumpfes Ding. Als ich drankam, hat er angefangen zu kratzen. Und dann: „Pokaz dupu", also: „Zeig deinen Arsch!" Dann hat er wieder rasiert. Wer Glück hatte, bei dem blutete es nur wenig. Der andere Kapo klatschte mit einem breiten Malerpinsel die Desinfektionslösung auf die rasierten Stellen.[42] Von Anfang an zeigte sich die besondere Spezialität von Gross-Rosen: der Sadismus. Das Ganze war sehr viel mehr Tortur als Desinfektion. Dann sollten wir baden gehen. Drei Waschräume waren da. Sicher eine Viertelstunde mussten wir alle noch warten. Dieses Betreten der Waschräume war der schlimmste Moment. Zum ersten Mal war ich ganz allein, ohne meine Mutter. Ich dachte wirklich, dass ich jetzt in die Gaskammer zum Sterben gehen würde. Dabei sollte ich nur duschen. Im Laufschritt mussten wir weiter, bekamen einen neuen Streifenanzug und Holzschuhe. Wehe, einer hat nicht aufgepasst, der bekam statt neuer Kleider Prügel. Wer das alles überlebt hatte, kam in die Baracke. Ich wohnte in der Baracke 9a.

Im Gegensatz zu Plaszów war Gross-Rosen ein Paradies in Sachen Sauberkeit. Aber hier gab es keine Beschäftigung, nur einen Steinbruch. Gross-Rosen war offiziell kein Vernichtungslager, sondern wurde als Durchgangslager geführt. Trotzdem gab es hier ein mobiles Krematorium. 40 000 Menschen sind in Gross-Rosen umgebracht und verbrannt worden. Viele starben bei der Arbeit im Steinbruch. Dabei wurden die Männer auch noch zum Selbstmord gezwungen. Das Procedere sah so aus: morgens verließ eine Gruppe Männer das Lager und ging zum Steinbruch. Am Tor gab es für den Kapo einen Passierschein. Wenn auf dem stand: „Ausgangskontrolle morgens: 50 Männer. Einlasskontrolle abends: 25 Männer", dann war klar, dass an dem Tag 25 Männer sterben mussten. Die wurden im Steinbruch bestimmt. Dann wurde Dynamit in den Felsen eingebracht: „Zehn Mann nach oben." Zehn Mann mussten hoch, das Dynamit wurde gezündet, und die Sache hatte sich erledigt.

In Gross-Rosen haben die Kapos das Regime geführt. Überwiegend waren es von der deutschen Justiz verurteilte Kriminelle, zu fünf, zehn oder fünfzehn Jahren Haft verurteilt, Ukrainer, Polen und Deutsche, aber nur wenige politische Insassen. In meinem ganzen Aufenthalt habe ich nicht mehr als 20 SS-Männer gesehen, unser Schicksal lag ganz in den Händen der Kapos. Sie setzten akribisch die Befehle um, das sowieso. Aber dann kamen noch all die perfiden Schikanen dazu, die sie sich ausdachten. Manchmal glaubte ich, sie machen einen Wettbewerb, wer sich die bestialischsten Demütigungen ausdenken kann. Ich kann und will nicht alle beschreiben. Exemplarisch werden die, die ich jetzt erzähle, reichen.

Samstags mussten wir Läuse und Flöhe suchen, immer zu zweit. Ich höre noch die schadenfrohen, triumphierenden und zugleich devoten Ausrufe: „Höhö, Herr Kommandant, ich habe welche gefunden!" Wer beim anderen Ungeziefer fand und es meldete, bekam 180 Gramm Brot. Der andere wurde erschossen – außer, wenn der Kapo gerade gute Laune hatte. Dann konnte es sein, dass der von Ungeziefer Befallene nur 25 Peitschenhiebe bekam. Ich denke heute noch oft darüber nach, wozu hungernde Menschen bereit sind, wenn sie 180 Gramm Brot extra bekommen können.

Die Torturen, diese endlosen Grausamkeiten könnten ein Extrabuch füllen: schlafen durften wir nur auf der linken Seite, oder aber nur auf der rechten. Besser lag man dabei nie am Rand – einige von denen, die dort lagen, sind erstickt worden. Es kam auch vor, dass wir im Sitzen schlafen mussten oder nur in einer Reihe. Bei Minusgraden wurden wir Insassen mit lauwarmem Wasser begossen; und so weiter und so fort. Ich war komplett desorientiert. Ein Gefühl für die vergangene Zeit oder die Hoffnung auf eine andere Zukunft war mit völlig verloren gegangen. Wie lange hielt man solche Folterungen aus? Ich war in einem Zustand, in dem mir alles egal war. Ich war von einer einzigen fixen Idee besessen: wie werde ich die Läusedosen an meinen Beinen los? Natürlich hatte ich niemandem davon erzählt. Aber manchmal hatte ich solche Schmerzen, dass ich darüber nachdachte, mich umzubringen. Lange hatte ich nach einem geeigneten Werkzeug Ausschau gehalten, das mir helfen würde, die Läusedosen vom Bein zu hebeln. Bei der Gartenarbeit wurde ich eines Tages fündig. Glücklicherweise. So schnell ich konnte, schaffte ich mir die Dosen vom Leib. Als ich die Wunden sah, wurde mir schlecht. Ob das je heilen würde? Ich hatte nichts, keinen Verband, keine Desinfektionsmittel. Mit einem Stück vom Saum meines Hemdes verband ich die offene Wunden. Bis heute habe ich tiefe Narben davon.

> Wenn ich in diesem KZ gewesen wäre, glaub ich, hätte ich das Gefühl gehabt, dass ich völlig sinnlos leben würde, weil ich nur lebe, damit man mich quält. Dann ist das ja sinnlos weiterzuleben, ich glaub daran, dass man nur leben kann in solchen Zuständen, wenn man wirklich überleben will. Und ich glaub, das allein ist total schwer, diesen Überlebenswillen zu behalten.
>
> *Judith; Originalton im Film*

Irgendwie wird alles, was Herr Emge erzählt, immer schlimmer und immer noch schlimmer. Auch immer schwieriger auszuhalten. Ich brauche eine Pause, ich will, ich muss mal für mich sein. Es gibt Geschichten, die will ich nicht hören, geschweige denn darüber in eine Kamera reden! Meine Augen brennen, aber ich kann nicht weinen wie die Erwachsenen. Mein Kopf brummt furchtbar. Ich fühle mich wie auf dem Friedhof. Mein Herz ist zu einem hässlichen Klumpen gehämmert, jetzt fühlt es gar nichts mehr. Ach, hätte ich nur meine Geige hier! Was kommt denn noch alles? Mittlerweile sind wir am Gelände des ehemaligen KZs angekommen. Hier also hat er diese Gräuel erlebt. Wir müssen warten, es müssen noch Formalitäten im Büro geklärt werden. Dann werden wir mit einem Elektrocaddy aufs Gelände gebracht.

Zwischendurch hatte ich auch Glück. Ich bekam eine neue Arbeit zugeteilt. Für einen KZler ein „Traumjob". Von überall her kamen Züge mit Juden: aus Holland, Frankreich, Italien. Wenn die Transporte ankamen, musste ich die Bekleidung der Deportierten durchsuchen, nach Schmuck und Gold. Und nach Essen. Das war eine große Hilfe, um zu überleben. Schlimm, ganz furchtbar war für mich, wenn unsere

Gruppe an der Seite wartete, während sich die ankommenden Juden auszogen. „Seid ihr auch Juden?" fragten sie manchmal. Was sollte ich antworten? „Wenn ja, warum helft ihr uns nicht?" Auf sie alle wartete das Schicksal, mit dem ich bei meiner Ankunft gerechnet hatte: die Gaskammer. Sofort. Das wusste ich. Edelsteine, Uhren, Gold – in Eimern haben wir die Wertsachen weggetragen, das hat mich furchtbar deprimiert. Ein Stück Brot war viel mehr wert als alles Gold! Bis heute habe ich nie wieder goldenen Schmuck getragen.

Es war Mitte Oktober – ich war ja schon seit Juni in Gross-Rosen[43] –, als ein neuer Transport aus Plaszów kam. In diesem Transport waren auch die erwachsenen Schindlerjuden, siebenhundert Männer, die nach Brünnlitz weitergeleitet werden sollten. Sie wurden im Lager separat gehalten. Für die erwachsenen Männer gab es eine „Schindler-Liste" aber wo auch immer sie verloren gegangen ist – in Gross-Rosen kam sie nie an und musste neu geschrieben werden. Niemand wusste genau, wer dazu gehörte. Wie durch ein Wunder stand ich wieder auf der Liste. Mein Onkel auch. Die Kinder aber, die mit uns gekommen waren, waren schon alle verschwunden. Ich wäre auch weg gewesen, hätte ich nicht die Aufgabe zugeteilt bekommen, bei der Ankunft der Deportierten Wertsachen einzusammeln. Die Liste wurde ganz neu geschrieben – und wer Geld hatte, kaufte sich ein.[44]

Die Ankunft der Männer brachte aber noch eine ganz besondere Überraschung für mich: meinen Bruder. Ottek war mit dabei! Und tatsächlich fand sich die Gelegenheit, ihn zu sehen. Selten, natürlich. Aber einmal standen wir morgens zusammen in der Schlange zu den Waschräumen. Eine Stunde lang. Wir redeten über alles, einfach über alles.

Der Juwelier Feilgut, vor dem Krieg einer der besten Juweliere in Krakau, hatte schon auf dem Transport von Plaszów nach Gross-Rosen auf mich aufgepasst. Und auch im Lager in Gross-Rosen schaute er nach mir. „Junge, wir müssen durchhalten. Wenn wir in die neue Fabrik kommen, sind wir gerettet." Ich hatte jede Hoffnung verloren, dass ich diese Hölle je wieder verlassen würde. Aber ich sollte mich irren. Ich weiß nicht, was mir geholfen hat – das Schicksal oder meine ständigen Gebete. Eines Nachts, es war vielleicht zwei Uhr, ertönte ein fürchterliches Geschrei: „Alle verdammten Säue aufstehen!" Von allen Seiten wurde auf uns eingeschlagen: „Raus, raus, raus!" Als wir alle halbnackt draußen standen, kam ein SS-Offizier. „Stillgestanden". Das Übliche. Ich sah meinen Onkel wieder. Aber nicht meinen Bruder. „Wo ist Ottek?" fragte mein Onkel mich. „Ich weiß nicht, ich habe ihn schon fast eine Woche nicht gesehen!" Ich konnte nur mit den Schultern zucken. Ottek war verschwunden. Und er blieb verschwunden. Mein Onkel ist der Einzige aus unserer Familie, der außer mir überlebt hat. Alle anderen, fünfundsechzig Menschen insgesamt, sind umgebracht worden. Mein Onkel hat sich auf dem Transport oder später dann in Brünnlitz nie um mich gekümmert. Nach dem Krieg ist er nach Australien gegangen.

Wir wurden gezählt und mussten uns in Fünfer-Reihen aufstellen. Die ganze Kolonne bewegte sich langsam zum Haupttor. Neben mir ging ein erwachsener Mann, vielleicht 40 oder 50 Jahre alt. Leise sagte er zu mir: „Wir sind gerettet." In der Dunkelheit konnte ich es dann irgendwann selber sehen. Wir gingen zum Bahnhof. Ich hoffte, dass wir jetzt endlich, endlich nach Brünnlitz fahren würden.

Endlich Abend,
schon wieder im Bus, von Gross-Rosen nach Breslau

„Da ist der Bahnhof, da vorne." Eben wurde Herr Emge, der die ganze Zeit völlig erledigt auf der letzten Bank vor sich hin geschwiegen hatte, auf einmal ganz aufgeregt. Ich will ja nichts sagen, aber wir hatten uns schon

wieder verfahren. So viel Irrfahrt an einem Tag! Aber dieses Mal war es ein großes Glück. Durch Zufall sind wir am Bahnhof „Rogoznica" vorbeigekommen, so heißt Gross-Rosen auf Polnisch. Das Wetter ist umgeschlagen. Schon als wir auf dem KZ-Gelände waren, ist es ganz windig geworden, es blitzte und donnerte. Jetzt entlädt sich der Himmel, ein richtiges Unwetter. Hier, genau hier, war der Bahnhof, zu dem die Männer laufen mussten, zum Transport nach Brünnlitz!! Und dann, gerade als Jörg gegen die Windböen seine Kamera fertig eingestellt hat, kommt auch noch ein Zug vorbei – und er kann dieses Bild einfangen! „Soll doch keiner behaupten, der Himmel stehe uns nicht bei." Martin staunt, fast ein bisschen ungläubig, über so viel Reporterglück. Jetzt sitzt er ganz zufrieden hinten. „So schrecklich und anstrengend das hier alles ist – heute waren intensive, großartige Szenen dabei." Alle sind müde und erschlagen – aber endlich sind Anspannung und Druck aus dem Bus gewichen.

Flughafen Breslau, 27. April

Das Gepäck ist eingecheckt, die letzten Zlotys ausgegeben – für Kerzen. Es gibt hier eine Minikappelle, und ich habe Kerzen angezündet, eine für Herrn Emge und eine für Lisa. Ein friedliches Bild. Ich bin auch froh, Herrn Emge ist nichts passiert, obwohl er vor lauter Aufregung in Bochnia seine Dialysetabletten zu spät genommen hatte. Alles ist gut gegangen. Aber jetzt ist es wirklich genug. Ich brauch' eine Pause von diesen Geschichten und ich brauche endlich meine Geige.

Aber ich will nicht meckern. Ich bekomme meine Geige schon heute Abend zurück. Und ich muss mir das alles nur vorstellen – er hat es erlebt. Aber allein schon die Vorstellung auszuhalten ist so schwer…

Unsere Polenreise ist zu Ende. Die Reise, damals, von Herrn Emge, würde noch lange dauern.

Ende und Befreiung

Endlich angekommen:
wir sind nicht im Schlaraffenland

ו‎ Und tatsächlich – der Zug brachte uns nach Brünnlitz.
Dieses Mal sollten wir an dem Ort ankommen, der
schon bei der Abreise in Plaszów unser Ziel hätte sein sollen. Die Reise hatten wir ja überhaupt angetreten, weil Oskar
Schindler die Juden, die er in seiner Fabrik angestellt hatte,
retten wollte.

Je länger der Krieg dauerte, umso wichtiger war es, dass
seine Produktion „kriegswichtig"[45] war; alle Kräfte wurden
auf den Krieg konzentriert. Die Emailletöpfe, die bei Schindler
ursprünglich hergestellt wurden, waren das natürlich nicht;
in Oskar Schindlers Fabrik wurden jetzt Waffen produziert. Er
hatte Verbindungen ins Sudetenland, deswegen wollte er die
Fabrik nach Brünnlitz ins heutige Tschechien verlegen. Schindlers neues Lager wurde als Außenlager von Gross-Rosen geführt.[46] Wir haben uns gewundert, dass die Kindergruppe
nicht dabei war, die uns noch von Plaszów nach Gross-Rosen
begleitet hatte. Später haben wir erfahren, dass sie schon früher nach Auschwitz geschickt worden war.

Einen Tag und eine Nacht dauerte die Fahrt nach Brünnlitz. Als die Waggons aufgemacht wurden, mussten wir regelrecht auf die Nebengleise springen. Im Film Schindlers Liste
wird ein Rangierbahnhof gezeigt mit einer Rampe. Die Menschen gehen hinaus und werden fast freundlich empfangen.
Ich muss sagen, dieses Bild entspricht eher einer Fata Morgana. Ich jedenfalls musste aus dem Waggon springen und dann
sind wir zu Fuß durch den ganzen Ort gegangen. Alle Fenster,
alle Häuser waren verschlossen, niemand schaute zu. Wir hörten die Menschen über uns sagen: „Da kommen die größten

Verbrecher zur Waffenfabrik. Vorsicht, Vorsicht, wer weiß, auf welche Ideen die kommen." Das verstand ich nicht; ich wusste nicht, was ich verbrochen haben sollte.[47]

Endlich waren wir im Lager von Schindler, dem Ort der Rettung, den wir so lange ersehnt hatten. Sofort merkten wir aber: hier ist weder ein Schlaraffenland noch ein Paradies. Im Gegenteil. Wir sind weiter KZ-Insassen, nur arbeiten wir für Schindler. Der aber, schien mir, hatte nichts zu sagen.

Bei unserer Ankunft fanden wir nichts vor, gar nichts.[48] Fast drei Wochen lang hatten wir kein warmes Essen und warteten auf Küchenpersonal. Sechs Wochen lang haben wir auf dem nackten Beton geschlafen. Mein Block war auf der ersten Etage der Fabrik. Immerhin waren wir nicht draußen, im Regen und Schnee. Was hatten wir uns nicht alles erhofft! Aber die neue Wirklichkeit erschien mir noch schlimmer als in Gross-Rosen. Das Essen war katastrophal, die Sanitäreinrichtungen ein Horror. Alle hatten wir sofort Flöhe und Läuse – wenigstens die hatten wir in Gross-Rosen nicht gehabt. Nach drei oder vier Wochen ist dann das Küchenpersonal gekommen. Endlich gab es heißes, schwarzes Wasser, den sogenannten KZ-Kaffee. Ich hatte mir schon früh einen Löffel gemacht, Besteck gab es keines. Allmählich aber gab es Löffel und Gabeln, manche hatten sogar ein Messer. Wir mussten von Anfang an schwer arbeiten, zwölf, vierzehn Stunden pro Tag. Die Wehrmacht verlangte Eile von Schindler; aber die Hälfte der Schindler-Leute waren keine Fachleute.

Wo bleiben die Frauen, wo meine Mutter?

Allmählich fingen alle an, sich zu sorgen, weil die Frauen der Schindlerliste immer noch nicht angekommen waren. In Gross-Rosen gab es nur Männer – deswegen sind die Schindlermänner und die Schindlerfrauen auf getrennten Wegen nach

Brünnlitz geschickt worden. Auschwitz lag nur 50 Kilometer von Krakau entfernt, dorthin hatte man die Frauen gebracht. In Brünnlitz hörten wir, dass die Frauen noch in Auschwitz seien, das war beruhigend, immerhin. Als es dann aber anfing zu schneien in diesem Jahr, ging das Gerücht, dass Auschwitz aufgelöst werden sollte. Jetzt waren alle in Sorge. Welches Schicksal mussten die Frauen aushalten?

Eines Tages war es dann doch so weit. In einer Ecke, abgesperrt mit einem Zaun, bewacht von ein paar Männern standen sie, die von uns langersehnten Frauen, deren Namen auf der Liste verzeichnet gewesen waren. Die Frauen, Schwestern und Mütter der Männer auf Schindlers Liste. Wie hatte ich mich in Sehnsucht nach meiner Mutter verzehrt. Wie groß, wie unendlich war meine Einsamkeit ohne sie gewesen. Jetzt, ganz bald, würde es vorbei sein. Da vorne standen sie ja nun! Doch – es durfte niemand zu den Frauen hin. Ich aber wollte nicht länger warten. Ich wollte meine Mutter sehen. Sofort. In meiner Not kam mir eine Idee. Ich nahm eine Karre und eine Schaufel, gab vor, damit eine Arbeit verrichten zu müssen und hoffte, so am Zaun vorbei zu kommen. Gesagt, getan. Aufmerksam bin ich an allen Gesichtern vorbei gegangen. Niemand durfte reden. Da, eine Frau am Zaun machte mir mit Augen und Händen ein Zeichen: „Deine Mutter ist nicht hier", verstand ich. Aber das konnte ja nicht sein. „Das muss ein Irrtum sein. Natürlich irrt sie sich", war ich mir sicher, redete ich mir ein. Zwei Tage lang bekamen wir die Frauen nicht zu Gesicht. Dann gab es einen Frauenappell, und mir wurde klar: „Meine Mutter ist wirklich nicht da. Sie ist nicht hier. Sie ist nicht aus Auschwitz mitgekommen."

Es zog mir den Boden unter den Füßen weg. Ich hatte so sehr auf diesen Moment hingelebt, wenn meine Mutter mit den Schindlerfrauen nachkommen würde. „Wir sehen uns in Brünnlitz", waren ihre Worte bei unserem Abschied in Plaszów gewesen. Wie eine Verheißung hatte ich sie in meinem

117

Herzen bewahrt, mich immer wieder daran gestärkt. Nichts anderes hatte meine Phantasie zugelassen. Jetzt zerbrach mein letzter Halt, meine letzte Hoffnung, meine ganze Welt – und ich mit ihr. In den nächsten Tagen versuchte ich bei jeder Gelegenheit irgendetwas von den Frauen zu erfahren. „Ich weiß nichts." – „Ich habe nichts gehört." – „Ich habe nicht mitbekommen, was mit deiner Mutter passiert ist." Es war mir völlig unverständlich – aber niemand wusste etwas oder wollte etwas wissen. Niemand, nicht eine einzige Frau, die doch alle mit meiner Mutter zusammengearbeitet hatten, konnte oder wollte mir etwas sagen. „Deine Mutter lebt irgendwo. Du darfst doch jetzt nicht aufgeben!", versuchte mich mein Nachbar aufzubauen. Er hätte auch mit der Wand reden können. Meine letzte Verbindung zu den Menschen war gerissen. Wie ein aus der Bahn geworfener Satellit trudelte ich losgelöst, versprengt im All. Nichts und niemand erreichte mich mehr oder vermochte gar, mich zu trösten. Endgültig war ich alleine auf dieser Welt. Mutterseelenallein.

10. Mai

Wir sind aus Polen zurück. Es ist schwer, über die Reise zu reden. In der Schule habe ich eine Arbeit darüber geschrieben. Ich habe eine „Epoche" verpasst, wie der Stoff bei uns heißt. Die Epochenarbeit habe ich deswegen über die Polenreise geschrieben. Meine Rettung sind wieder einmal die Salatabende.

„Wie ist das, wenn die Kamera immer dabei ist?", will Bennie wissen. „Ein Problem. Ohne Kamera wäre ich freier gewesen. Also ich glaube nicht, dass innerlich mehr passiert wäre. Aber ich hätte mehr zeigen können." – „Warum, das verstehe ich nicht." – „Nun ja, es ging doch um Herrn Emge. Ich wollte ihm nicht in die Quere kommen, ich wollte ihn nicht stören. Ich war mehr da, damit Herr Emge mir erzählen

118

*konnte." – „Warum bist du so still geworden, immer stiller, je
länger die Reise ging?", schaltet sich meine Mutter ein.*

*„Du warst so zupackend. Das hat mich zwar nicht gestört,
aber ich hatte Angst, Herrn Emge Platz wegzunehmen. Du
warst schon bei ihm, ich wollte mich nicht nach vorne drän-
gen." – „Wie wäre es denn für dich besser gewesen?" – „Wenn
ich einfach mal hätte traurig sein können und nicht immer
hätte sagen müssen, was ich fühle. Einfach mal nur zwei Minuten alleine da stehen und traurig sein."*

*Nach der Reise musste ich auch wieder viel über Hitler nach-
denken. Das hatte ich schon mal. Ich weiß, einmal, als meine
Mutter noch abends am Bett mit mir gebetet hat, haben wir
auch über Hitler gesprochen. Mich hat immer beschäftigt, wie
er so werden konnte. So böse. So kommt doch niemand auf
die Welt. Wie ist das passiert? Ich weiß, dass Hitler malen
wollte. Und nicht angenommen wurde an der Kunstakademie.
Ich glaube sogar zweimal nicht. Das muss sehr kränkend sein
und vielleicht wäre sein Leben anders verlaufen, wenn er hätte
malen dürfen. Sicher ist ihm als Kind Furchtbares zugestoßen,
das muss so sein. Sonst wird niemand so. Das kann ich irgendwie noch verstehen. Was ich aber niemals verstehen werde, ist,
warum er das alles an den Juden auslassen musste. Niemals.*

Hitler war ein Verrückter. Ein Irrsinniger.
Er gehörte in ein Irrenhaus. (…) Manchmal habe
ich gedacht, wenn ich ihm doch nur zwei Takte
aus der Schubert-Sonatine vorspielen könnte.
Nur diese zwei. Vielleicht hätte er dann weniger
hassen müssen.[49]   *Alice Herz-Sommer*

*Herr Emge hat die Reise gut überstanden. Die Ärzte waren
ganz zufrieden, obwohl er erst einmal ganz gelb aussah. Auch
bei der Dialyse gab es am Anfang wieder mehr Schwierigkeiten, Krämpfe und Ohnmachten. Der Arm, in dem sein Shunt
ist, eine Art Dauerkatheder, schmerzt ihn sehr. Wir haben ihn
in Köln während der Dialyse besucht. Oh, wie er da lag, an-
geschlossen an so viele Kabel und sich drehende Maschinen.
Überall durchsichtige Schläuche, durch die Blut fließt, sein
Blut.*

*„Ach Judith, schau mich nicht so an. So schlimm ist das
nicht." – „Also, ich wollte nicht dreimal die Woche so viele,
viele Stunden hier liegen müssen. Und so krank sein." – „Ich
war immer krank. Als Kind, als Erwachsener, immer. Und
weißt du, diese Maschinen, die du so schrecklich findest – sie
sind mein großes Glück. Sechs Jahre wäre ich schon tot ohne
sie. Stell dir vor, wir hätten uns nie kennengelernt."*

*Und dann hat er weitererzählt, einfach da weitergemacht,
wo er in Polen auf der Rückreise aufgehört hatte.*

Trotz allem: ein Wunder

Ein paar Wochen dauerte es, dann kamen Holzkojen
zum Schlafen. Doch es waren viel zu wenige für alle.
Mir ging es nicht gut, ich wusste nicht, was mit mir los war:
Ich hatte Kopfschmerzen. Ich hatte Zahnschmerzen, und ich
hatte keine Energie, lange nachzudenken. Als ich die Kojen
sah, habe ich mich einfach, so wie ich war, hingeschmissen in
eine. Sofort bin ich eingeschlafen. Nach ein paar Tagen erfuhr
ich, dass für mich gar kein Platz in einer Koje vorgesehen war.
Die anderen aber hatten sich so organisiert, dass ich erst einmal in der Koje schlafen durfte, manchmal haben sie sich deswegen zu zweit in eine Koje gelegt.

Ungefähr zehn Tage nachdem die Frauen angekommen
waren, habe ich beim Abendappell zu meinem Nachbarn ge-

sagt: „Ich weiß nicht, was mit mir los ist. Aber ich fühle mich furchtbar. Und ich habe solche schrecklichen Zahnschmerzen." Ich erinnere mich deshalb genau an den Tag, weil der nächste mein Geburtstag war.

Am nächsten Morgen wurde ich mit Schüttelfrost und noch schlimmeren Zahnschmerzen wach. Ich konnte nicht aufstehen, der Blockälteste meldete mich krank. Er meldete, dass ich sehr hohes Fieber hätte. Erst mittags kam ein Arzt vorbei. Er konnte mir nicht helfen, es gab keine Medikamente für uns. Ich konnte alles nur noch wie in einem Traum wahrnehmen, die Welt hatte sich hinter einem dicken, dichten Nebel aus Fieber, Schmerzen, Ohnmachten und Fantasien zurückgezogen. Einen ganzen Monat dauerte es, bis ich wieder klarer wurde, bis es mir langsam wieder besser ging. Was war passiert?

Nichts weniger als ein Wunder: Denn ich war an Bauchtyphus erkrankt. Wenn das herausgekommen wäre, das wäre mein Todesurteil gewesen. Und nicht nur meines. Die Deutschen hatten alle schreckliche Angst vor Seuchen und Ansteckung. In einer solchen Situation überlegte kein Lagerkommandant lange. Der ganze Block, also ungefähr 125 Menschen, wären ins Krematorium geschickt worden. Doch der jüdische Lagerarzt, natürlich auch ein KZ-Insasse, meldete nach der Untersuchung als Diagnose „Lungenentzündung", und „es wird sehr lange dauern bis zur Gesundung." Das war gefährlich: wäre ein deutscher Arzt gekommen, hätte er sofort gesehen, was wirklich los war. Niemand durfte wissen, was ich in Wirklichkeit hatte. Nur der Arzt und die Krankenschwester wussten die Wahrheit, sonst niemand; nicht einer der normalen KZ-Insassen. Also musste ich versteckt werden. Wer das Versteck ausgesucht hat, wie ich immer dorthin gelangte, all das weiß ich bis heute nicht. Als ich nach ungefähr einem Monat langsam wieder zur Besinnung kam, lag ich auf dem nackten Boden. Jemand hatte mich mit Papier zugedeckt. Ich hatte keine Ahnung, wo ich mich befand. Allmählich nahm ich wahr, dass in den verschiedenen Ecken des Raumes Transformatoren standen. Also musste ich in den Turbinenhallen sein, den Kellerräumen, von denen aus die ganze Fabrik mit Strom versorgt wurde. Für die Winterzeit war das kein schlechtes Quartier! Die Wärme war ganz angenehm. Außer mir waren noch Ratten im Raum. Große Ratten. Aber ich habe gar nicht erst versucht, die Umgebung zu erforschen. Ich dachte mir: „Jemand hat mich hierhin gebracht. Also wird mich auch wieder jemand holen kommen." Und tatsächlich: nach dem Abendessen kamen ein Mann und eine Frau mit einer Bahre und brachten mich zurück in den Block. Tag für Tag hatten sie mich morgens ins Versteck und abends zurück in den Block gebracht. Und so haben sie es noch einen weiteren langen Monat gemacht.

In den Räumen arbeiteten ein Elektriker und ein Ingenieur aus Oberschlesien, also aus der Umgebung des Lagers. Sie wussten von mir und verrieten mich nicht. Im Gegenteil: der Elektriker hat mir Essen mitgebracht. Aber ich konnte nichts essen und habe es an die Ratten verfüttert. Ich habe versucht, einen Pakt mit ihnen zu schließen: wenn ich ihnen zu essen gab, so hoffte ich, würden sie aufhören, an mir herumzunagen und zu beißen. Das hat geklappt. Mit der Zeit haben die Ratten und ich uns richtig aneinander gewöhnt, sie sind mir sehr ans Herz gewachsen. Genau wie der fantastische Hund des Ingenieurs. Einige Insassen wollten diesen Hund entführen und zu Fleischsuppe verarbeiten. Der Ingenieur aber hatte es mitbekommen: und kam darum in der folgenden Zeit und bis zum Ende des Krieges ohne seinen Hund. Und immer am Ende seiner Schicht hat mir der Elektriker etwas gegeben: Honig, ein Stückchen Apfel oder etwas Streuselkuchen: „Da, für dich". Als mein Körper Essen wieder aufnehmen und behalten konnte, waren diese Gaben sehr, sehr wertvoll für mich.

Ein Altar in der Hölle

Sicher drei Monate lang war ich krank. Und die ganze Zeit über habe ich „Schonzeit" bekommen. Schonzeit hieß, dass ich nicht zu arbeiten brauchte, was ich sehr genossen und genutzt habe. Ich musste auch alles wieder lernen: Gehen, zum Beispiel. Außerdem war ich bis auf die Knochen abgemagert. Als ich wieder zurück war, klopften mir die anderen auf die Schulter: „Du bist wieder da." „Gott sei Dank, du bist gerettet." So etwas kannte ich gar nicht. Der Arzt, der mich gerettet hatte, hatte aber auch gesagt: „Große Chancen hast du nicht, dass du durchkommst." Innerlich hatte ich ihm geantwortet: „Wer weiß, vielleicht gibt es ja doch noch Wunder auf der Welt und ich bin auserwählt, eins zu erfahren!" Bestärkt in diesem Glauben hat mich ein anderes kleines Wunder, das ich kurz danach erlebte.

Bei meinen Versuchen, wieder laufen zu lernen, suchte ich eines Tages den Elektriker auf. „Was machen meine Ratten?" fragte ich ihn. Ich hatte Sehnsucht nach ihnen, ich hatte mich wirklich mit ihnen angefreundet in den langen, einsamen Tagen in meinem Krankenversteck. Na, der lachte vielleicht! Wir wussten beide, dass es für uns Insassen strengstens verboten war, in den Keller zu gehen. „Geh schon, mein Junge", hat er indes geantwortet. Durch lange Korridore ging ich nach unten in die Kellerräume.

Als ich um eine letzte Ecke biege, sehe ich einen wunderschönen Lichtschein. Ich folge ihm und stehe mit einem Mal vor einem Altar: Vier dicke Kerzen leuchten um ein Bildnis der Gottesmutter Maria. Trunken vor Freude und zutiefst erschrocken zugleich werfe ich mich wie von Sinnen vor dem Altar auf den Boden. Ich weiß nicht, wie lange ich dort betend liege. Auf einmal hebt mich der Elektriker hoch: „Mein Junge, niemand darf hiervon erfahren. Der Marienaltar muss unser Geheimnis bleiben. Für immer." Stumm und fragend blicke ich ihn an. „Der Altar gehört unserem Rapportführer. Er kommt manchmal zum Beten hierhin. Ganz unregelmäßig. Wenn er dich hier erwischt, weißt du, was das für dich bedeutet."

Der Rapportführer war ein SS-Hauptscharführer. Nach dem Krieg habe ich erfahren, dass er Holländer war. Ich bin ihm nie begegnet. Wohl aber habe ich meine Ratten getroffen; als ich in mein ehemaliges Versteck kam, waren sie auch dort. Wie alte Bekannte haben wir uns über das Wiedersehen gefreut.

Meine Schonzeit nutzte ich auf vielerlei Art und Weise. Zufällig hatte ich hinter der Fabrik den Hühnerstall von Oskar Schindlers Frau Emilie entdeckt. In Krakau hatte sie nicht bei ihm gelebt, aber nachdem Schindler seine Fabrik verlegt hatte, war Emilie zu ihm zurückgekommen. Fortan habe ich mir die Eier ihrer Hühner mit Emilie „geteilt". Wann immer ich die Gelegenheit nutzen konnte, habe ich ein oder zwei Eier geklaut. Was für ein Gefühl, wenn die manchmal noch warmen Eier meine Kehle herunter strömten! Und was für ein Vorteil für meine Genesung! Es kam mir zu Ohren, dass Emilie Schindler sich wunderte: „Die Hühner legen immer weniger Eier. Was ist nur mit denen los?"

Die Verpflegung war sowieso eine Katastrophe. Es gab nur Sago[50], das einfach nach gar nichts schmeckte. Bis heute wird mir schlecht, wenn ich es nur irgendwo sehe. Dass wir überhaupt zu essen bekamen – darum hat sich Emilie Schindler gekümmert, nicht die SS. Sie hat fand es schwer erträglich, dass es nur schlechtes Essen und nur so wenig davon gab, und sie hat sich wirklich bemüht, das zu ändern. Nach dem Krieg habe ich einmal ein Interview mit ihr im Radio gehört, in dem sie erzählt hat, wie sehr sie darunter gelitten hat. Es hätte einfach keine Lebensmittel gegeben – und wenn es welche gab, hätten wir kein Geld gehabt, sie zu kaufen, sagte sie.

Die Lage wurde noch schlimmer, als bei bitterkalten minus 15 Grad Celsius Waggons mit 160 Leuten am Bahnhof ankamen. Niemand wollte sie haben. Der Lagerkommandant sagte, sie seien verseucht. Emilie Schindler meinte, wir hätten kein Essen. Drei Tage und Nächte lang standen die Waggons da. Die Menschen darin hatten kein Wasser und erst recht nichts zu essen. Schließlich wurden die Waggons am vierten Tag doch geöffnet. Nur hundert der Ankommenden hatten die Strapazen überlebt, die anderen fielen tot aus den Waggons auf die Schienen. Die Lebenden wurden sofort ins Lager gebracht. Wir fragten, wo sie herkamen: es waren Leute aus Ungarn, aus Goloschau. Es muss schon Anfang April gewesen sein, als manche von unseren Wachleuten anfingen, komisch zu werden und sich sehr seltsam zu verhalten. Einer von ihnen ging dabei recht weit: er kommunizierte und kooperierte regelrecht mit uns, indem er uns informierte – auf eine ziemlich kreative Weise. Er hatte ein Akkordeon, auf dem er immer spielte, alles Mögliche. Wenn wir die Melodie: „Alles, alles geht vorüber" hörten – dann wussten wir: er gibt uns ein Zeichen, er will uns Hoffnung machen. Im Moment zumindest ist die Luft rein. Und wer weiß, vielleicht würden wir ja doch alle erleben, dass diese Höllenzeiten vorübergehen?

Einstweilen ging unser Leben in der Hölle aber weiter. Eines Tages kam der Befehl „Schützengräben ausheben!". Alle Insassen mussten beim Graben mithelfen. Was das sollte? Ganz sicher verlief an dieser Stelle keine Front. Es gab ja auch keine Wehrmachtseinrichtungen. Nach dem Krieg habe ich von Tschechen erfahren, dass die Gruben, die wir da aushoben, unsere eigenen Gräber hätten werden sollen. Die Kommandantur hatte vor, uns zu erschießen. Das wurde wohl, so hat man es mir erzählt, von Partisanen verhindert.

Oskar Schindler

Und dann kam der Tag, auf den wir alle so lange gewartet hatten. Der Ruf: „Die SS ist weg!" weckte mich auf. Nur die Wachposten waren geblieben. Wir mussten uns alle in der Fabrikhalle versammeln. Ich stellte mich ganz nach hinten.

Zwar konnte ich da nicht gut sehen und hören – aber ich hatte tief verinnerlicht, dass vorne stehen immer auch bedeuten konnte: aufzufallen und damit möglicherweise Probleme zu bekommen. Die Halle war schwarz von Menschen. Wir wussten es in diesem Moment schon, ich wusste: Es ist vorbei. So standen wir zusammen, und Oskar Schindler sprach zu uns: „Ihr seid frei. Niemand kann mehr Herrschaft oder Macht über euch ausüben." Und er sagte, dass er jetzt derjenige sei, der sich verstecken müsse. Als Schindler fertig war, haben neben mir Juden, gläubige Juden, angefangen zu singen, erst zögerlich, dann immer kräftiger. Die Klänge umwoben mich, zogen in mich ein, ohne dass ich mich wehren konnte. Ein neues Leben? Einen Moment atmete ich Hoffnung.

Was ich damals schon nicht und bis heute nie verstehen konnte, ist, dass die Menschen aus Schindler einen Gott machten. Er war am Ende des Krieges sicher nicht derselbe wie zu Beginn. Als er nach Krakau kam, wollte er einfach Geld verdienen. Aber er hat sich im Laufe der Zeit verändert und entwickelt, das Geldverdienen trat in den Hintergrund, und bestimmt war er auch ein guter Mensch. Sicher hat er auch große Teile seines Vermögens eingesetzt, um uns zu helfen und die Fabrik zu verlegen. Aber dass er sich für die Leute wirklich interessierte? Das kann ich nicht bestätigen. Zweimal habe ich ihn in Brünnlitz gesehen. Einmal ging er durch die Fabrik, er hat nur geguckt. Er hat nur mit den „oberen Zehntausend" gesprochen. Die „oberen Zehntausend" – so nannten wir die Anführer: Pemper, Goldberg, Grünberg, Pfefferberg, Friedman, Bankier gehörten zum Beispiel dazu, und Stern natürlich. Es waren nicht mehr als zehn; sonst war da niemand, nach dem er sich erkundigt hätte.

Schindler hat weiter sein gutes Leben geführt, Frauen, Geld, Alkohol und sein Luxus waren ihm wichtig. Und im Grunde genommen hat er seine Frau geopfert. Emilie Schindler war diejenige, die sich um uns gekümmert hat. Sie hat sich für uns eingesetzt: Emilie Schindler hat richtig geackert, geschuftet für uns. Sie ist über die Dörfer gefahren und hat für uns eingekauft.

Schindler war der Prinz, der sich um nichts, gar nichts, gekümmert hat. Eine Szene habe ich noch deutlich vor Augen. Eines Tages hieß es: „Die Frauen kommen nicht aus Auschwitz. Die SS erlaubt es nicht, die Frauen würden hier nicht gebraucht." An diesem Abend stand ich auf einem Geländer im ersten Stock, dort, wo mein Wohnblock war. Und direkt unter mir hatten sich die „oberen Zehntausend" versammelt. Einer hielt einen Beutel in der Hand – und ich habe selbst gesehen, wie sie Brillanten in den Beutel gezählt haben, einen nach dem anderen. Es waren sehr viele Brillanten. Emilie Schindler war dabei, sie hat den Beutel genommen und fuhr nach Berlin. Zwei Wochen später waren die Frauen da.

Für mich ist und bleibt Oskar Schindler eine zwiespältige Person. Meine Mutter hat mir, als wir noch in Plaszów waren, erzählt, wie sie von Schindler beschützt worden ist. Sie hatte in der Fabrik in Krakau Suppe gekocht, was selbstredend während der Arbeitszeit natürlich streng verboten war, dafür konnte man erschossen werden. Als sie gerade mit der Suppe beschäftigt war, kam Schindler mit zwei Gestapoleuten vorbei. Natürlich hatte sie schreckliche Angst. Aber Schindler ging vorbei, schaute über die Schulter zurück und sagte charmant: „No, wird das schmecken! Dann guten Appetit." So war er. – Aber eben auch ganz anders. Als die Frauen nach Brünnlitz nachkamen, hatte Schindler keine richtige Arbeit für sie. Er hat sie dann mit Lauge arbeiten lassen, sie mussten Maschinenteile in Laugenlösungen tauchen, ohne jeden Schutz. Die Hände dieser Frauen sahen fürchterlich aus. Bei einigen hing das rohe Fleisch in Fetzen von den Knochen – und sie mussten doch weiter mit den Laugen arbeiten. So war Schindler eben auch. Und so verhält sich doch kein „Gott", das kann doch nicht sein.

Als Dank hatten wir einen Brief und einen Ring für ihn vorbereitet. Ich wusste, wir alle wussten, dass darin ein Spruch aus dem Talmud stand: „Wer einen Menschen rettet, hat die ganze Welt gerettet." Den Ring herzustellen, war nicht einfach gewesen. Zwei Juweliere waren unter uns: mein Onkel und der Juwelier Feilgut. Als die Idee zu dem Ring geboren war, wurde das Gold gesucht. „Wer hat noch Gold versteckt?" Alle winkten ab, sie hatten keines mehr. Aber einer lachte und zeigte auf seine Backenzähne: „Hier ist das letzte Gold, das ich noch habe." Damit war sein Schicksal besiegelt: es wurde beschlossen, dass er das Gold hergeben müsse. Zwei, drei Mann haben ihn gemeinsam festgehalten. Ich stand direkt neben zwei anderen, die eine Flachzange geholt hatten und damit den Goldzahn zogen. Mit einer Flachzange! Etwas anderes gab es eben nicht. Er schrie fürchterlich. Der arme Mann ist noch tagelang mit einem grotesk verbeulten Gesicht herumgelaufen. Anschließend haben sich die Juweliere an die Arbeit gemacht. Ich fand das alles gut und richtig. Den Ring hatte Schindler verdient. Und mehr als das.

In dieser Nacht dann ist er mit seiner Frau aus dem Lager geflohen. Jetzt hatten Oskar und Emilie Schindler die gestreiften KZ-Kleider an.

Befreiung

Am nächsten Tag schon wurde ein Kapo, Kapo Willi, gehängt. Für mich war das kein besonderes Spektakel, ich hatte auch keine Rachegefühle – es war einfach normal. Ich habe mich auch überhaupt nicht gefreut. Ganz im Gegenteil, ich war deprimiert. Meine Mutter war nicht gekommen. Wie sehr hatte ich gehofft, meine Familie wiederzufinden.

Bis zum 10. Mai blieben wir einfach da – aber in völliger Ungewissheit. Was würde mit uns passieren? Dieser Tag begann sonnig. Wir saßen draußen und wärmten uns, da hörten wir es auf einmal klopfen. Es pochte am Tor. Weil wir so gar nicht wussten, was uns erwartete, hatten wir aus einer Art Selbstschutz eigene Posten aufgestellt. Einer von ihnen ging zum Tor und öffnete es von innen.

Was ich dann sah, konnten meine Augen kaum glauben – es war wie eine Fata Morgana, unwirklich und äußerst, äußerst seltsam. Ein russischer Offizier ritt durch das offene Tor, ohne Sattel, auf einem Kissen, einen Regenschirm in der Hand und beide Arme voller Armbanduhren. Er begann eine flammende Rede, bestimmt eine politische, aber keiner, nicht einer unter uns, konnte ihn verstehen. Das war sie also, die Befreiung. So hatte ich sie mir nun ganz gewiss nicht vorgestellt! Erst zwei oder drei Stunden später sind zwei russische Offiziere in einem Jeep gekommen und haben Fragen gestellt: Was ist das für ein Lager? Wie viele Insassen gibt es? Aber niemand hat gefragt: Braucht ihr Medizin? Essen? Seelsorge? Wenn ich damals gewusst hätte, dass mir bis heute niemand solche Fragen stellen würde, ganz sicher wäre meine Zukunft anders verlaufen.

Sie sind einfach in ihren Jeep eingestiegen und waren schneller wieder weg als ich schauen konnte. Eine Art tschechische Polizei hat die Organisation in die Hand genommen – dann gab es schließlich auch Essen. Und damit neue Katastrophen. Viele haben zu viel auf einmal gegessen und sind daran gestorben. Wer sich beherrschen konnte, hatte es gut. Ich selber konnte sowieso gar nichts essen. Einige haben sich eine Kuh von der Weide geholt, aber keiner wusste, wie man sie schlachtet. Später haben sie es dann doch geschafft – und Suppe daraus gekocht. Furchtbar fette Suppe, von der viele Durchfall bekamen. Manche haben die Befreiung auch gar nicht verkraftet. Ein Mathematikprofessor ist regelrecht verrückt geworden. Seitdem wir in Brünnlitz angekommen waren, hatte er von einer schönen, dicken Kartoffelsuppe geträumt. Als wir dann nach der Befreiung Suppe hatten, hat er die Füße in den Teller gesteckt und immer nur „Suppe, Suppe" gesungen.

Ich selbst hatte die ganze Zeit im Lager bis dahin nicht einen Gedanken an mein Aussehen verschwendet – aber jetzt, auf einmal, als die Russen kamen, wurde ich gewahr, was ich für ein Bild abgeben musste: Fünfzehn Jahre war ich alt, aber mit 27 Kilo wog ich so viel wie ein kleines Kind. Ich war schwach und konnte noch kaum wieder laufen. Heute denke ich, ich muss wie ein Bettler aus Indien ausgesehen haben.

Wohl zwei Wochen später ist „mein" Elektriker gekommen; er brachte Käsekuchen, Himbeeren und ein paar Kleidungsstücke. „Wenn du willst, dann hole ich dich mit zu uns nach Hause." Ich traute meinen Ohren kaum, war aber sehr glücklich. „Wie soll das denn gehen?", fragte ich ihn, „die drei Kilometer kann ich nicht laufen, das schaffe ich wirklich nicht." – Er war um eine Lösung nicht verlegen: „Gut, dann komme ich morgen mit Pferd und Kutsche". Kaum war er weg, wurde mir wieder bewusst, wie erschreckend ich aussehen musste. Wie egal war mir in der Lagerzeit alles gewesen. Aber jetzt? Konnte ich mich so zeigen? Wieder saß ich in der Sonne und träumte vor mich hin, da kam mir der Zufall zur Hilfe. „Willst du mithelfen, Junge?" – „Ja, gerne!" Polizisten waren gekommen und untersuchten alle Büros. Einer ließ mich helfen. Ich war furchtbar neugierig: jetzt durfte ich in diese Wohnungen, die ich immer nur von außen erlebt hatte. Wie sie wohl von innen aussahen? Auch Amon Göth war ein paar Mal zu Besuch bei Schindler gewesen, das wusste ich. Ich ging durch alle Räume. Als ich ins Schlafzimmer kam, fiel mein Blick sofort auf drei Herrenhemden. Und bevor ich noch irgendeinen Gedanken fassen konnte, hatte ich sie schon unter meiner Jacke versteckt. Ob sie passten, würde ich ja immer noch später ausprobieren können. Aufgeregt und erschöpft von Suche und Fund legte ich mich erst einmal für ein paar Stunden in meine Koje. Gegen Abend unternahm ich eine Anprobe. Die drei Flanellhemden waren wunderbar weich, grau, rosa und hellgrün. Oben auf der linken Seite entdeckte ich etwas, das mir den Atem stocken ließ: goldene Initialen, A.G.: Amon Göth.

Was hatte ich denn da erobert? Jetzt konnte ich meinen Fund noch viel weniger irgendjemandem zeigen. Außerdem wollte ich die Hemden, nie, nie, niemals anziehen. Aber ich behielt sie. Viel später einmal haben die Hemden uns dann hervorragende Dienste geleistet – auf eine Art und Weise, die sich niemand, schon gar nicht Amon Göth, hätte träumen lassen.

Zu meinem Erstaunen hielt der Elektriker Wort. Am nächsten Tag stand er wieder da, mit Pferd und Kutsche. Der Elektriker half mir hinauf – und los ging es, durch das Lagertor. Hindurch. Hinaus. Während der Fahrt wunderte ich mich – immer wenn wir ein Haus passierten, kamen alle heraus gerannt und schauten uns nach. „Junge, die kommen wegen dir gelaufen. Wenn wir nach Hause kommen, musst du dich sofort umziehen. Du siehst wie ein Monster aus." Streifenjacke, Streifenhose – was für mich ganz normal war, wirkte auf die anderen offensichtlich gespenstisch.

„Willkommen bei uns." Die Frau des Elektrikers und seine kleinen Kinder standen am Zaun, als der Elektriker das Pferd stoppte. Freundlich, ja herzlich, schaute sie mich an, die Kinder waren neugierig, aber auch ein bisschen schüchtern. Vorsichtig halfen sie mir vom Wagen, ein kleines Mädchen nahm mich an die Hand – vom ersten Moment an fühlte ich mich akzeptiert. Ich konnte, zum ersten Mal nach all den Jahren, duschen, richtig duschen, richtig zu Mittag essen und dabei an einem liebevoll gedeckten Tisch sitzen. Das Allerbeste war: ich schlief in einem richtigen Bett, mit richtigen, kühlen, blütenweißen Laken. Träumte ich? Wachte ich? Egal, selig schlief ich einfach ein.

Zwei Tage später kamen tschechische Polizisten. Sie sprachen Tschechisch, das konnte ich nicht verstehen, ich spürte aber, etwas stimmt hier nicht. „Was passiert?" wollte ich wissen. „Das geht dich gar nichts an", antwortete mir einer der Polizisten. Und dann fügte er auf Tschechisch hinzu: „Sei still, verpesteter Jude." Er wusste nicht, dass ich Polnisch kann –

und dieser Satz in beiden Sprachen dasselbe heißt. Der Polizist hatte die Worte noch nicht zu Ende gesprochen, da war mein Blick schon auf einen Spaten, der am Schuppen stand, gefallen; in Sekundenschnelle hatte ich ihn geholt und ohne nachzudenken dem Polizisten auf den Rücken geworfen. Er rannte weg – und ich brach mit einem hysterischen Weinkrampf zusammen. Die ganze Nachbarschaft lief herbei, so laut habe ich geschrien. Auch ein Jeep mit russischen Soldaten hielt an. Sie hatten die beiden Polizisten weglaufen gesehen. „Was ist hier los?", erkundigten sie sich. Einer der russischen Soldaten war Jude: Er wollte den tschechischen Polizisten sofort erschießen, der andere Russe hat das verhindert.

In meinem Mund war nur noch Bitterkeit: die Judenverfolgung war mit der Befreiung nicht zu Ende. Und bis heute muss ich das feststellen. Es gibt da eine Szene im Film ‚Schindlers Liste': Da kommt ein russischer Soldat geritten und sagt zu den Befreiten: „Geht nicht nach Osten, da hassen sie euch. Aber geht auch nicht nach Westen. Da wollen sie euch auch nicht."

Tja, genauso war es.

Später habe ich erfahren, dass mein freundlicher Elektriker und seine Familie mich nicht aus uneigennütziger Freundlichkeit aufgenommen hatten. Er stand auf einer Liste und sollte vertrieben werden. So lange ich aber bei ihm war, konnte die Familie bleiben. Das zu hören war eine Enttäuschung. Dennoch war die Zeit in dieser Familie sehr schön. Mit den Wochen, die ins Land gingen, konnte ich meinen Aufenthalt genießen. Als meine Kräfte langsam zurückkehrten, bin ich einmal die Woche zurück ins Lager gegangen. Ich wollte einfach wissen, wie es den anderen ging und wie dort die Lage war. Anfang Juni lag über dem Lager eine Wolke der Apathie. Es war noch zu früh, um etwas zu unternehmen – aber alle wussten, es musste etwas passieren. Entweder sie gingen zurück nach Polen oder in den Westen.

Eines Tages sagte mein Elektriker zu mir: „Junge, wir dürfen hier nicht mehr bleiben. Wir gehen ins Ruhrgebiet. Wenn
du willst, dann kannst du mit uns kommen." Ich wusste damals nicht einmal, was das Ruhrgebiet ist oder wo es lag, ich
wusste nur: ich muss meine Familie finden. Und das hieß –
ich muss nach Polen zurück. „Junge, das wirst du bereuen.
Aber es ist deine Entscheidung." Damals war mir das natürlich
nicht klar, aber er hatte Recht. Und wie ich es bereuen würde!
Es war mein erster großer Lebensfehler.

„Ich warte auf dich", weinte die 14-jährige Tochter des Elektrikers beim Abschied. Ihre Augen waren rot und verquollen,
traurig und dabei wild entschlossen: „Ich werde dich finden,
und dann heiraten wir. Du wirst sehen." Doch unsere Wege
haben sich nie mehr gekreuzt.

Leben danach

3. Juli 2010, Amsterdam, Prinsengracht

Ich sitze in der Sonne, trinke Cappuccino und schaue auf die Prinsengracht. Draußen fahren die Touristenboote durch die Grachten, eine schier endlose Schlange windet sich zum Eingang des Museums. Angela und ihr Sohn Jerry sind hier. Ich bin im Café des Anne-Frank-Hauses in Amsterdam und wir sind gerade durch die Ausstellung gegangen. Gleich machen wir eine kleine Grachtenbootstour, ich glaube, wir dürfen sogar selber steuern! Jerry und ich haben früher viel zusammen gemacht; als ich mich noch ganz für Pflanzen und Tiere interessiert hab' und nicht so für andere Menschen und ihr Schicksal, da haben wir mal zusammen ein Konzert für den Regenwald organisiert, unsere Eltern mussten einfach mitmachen.

Gerade sind wir also durch ,Het Achterhuis' gegangen. Oh, ich hatte Gänsehaut. Und Ehrfurcht. Als wir durch den Drehschrank gegangen sind zum Beispiel, den Schrank, der der Eingang zu dem Versteck von Anne Franks Familie war. Oder als ich vor ihrem kleinen, weiß-rot karierten Tagebuch stand. Ich hatte ja schon vor zwei Jahren mal angefangen, das Tagebuch zu lesen, aber dann aufgehört, irgendwie war ich noch zu jung. Jetzt habe ich es auf der Fahrt ganz gelesen. Wir haben eben zusammen überlegt und überrascht festgestellt: ich bin jetzt ganz genau so alt, wie Anne war, als sie sich in der Prinsengracht verstecken musste: 13 Jahre und fünf Wochen. Wir waren ganz schön verblüfft – und haben dann gleich noch mehr gerechnet: Anne Frank und Herr Emge sind auch gleich alt. Anne Frank ist nur ein paar Monate früher geboren!

Das Haus ist total verwinkelt, jetzt kann ich mir viel besser vorstellen, wie sich hier fast zwei Jahre lang acht Menschen

verstecken konnten. Allerdings kann ich mir wiederum überhaupt nicht vorstellen, eine so lange Zeit hier auszuhalten.

Anne fühlt sich wie eine Freundin an. Aus ihrem Tagebuch
kenne ich sie so gut. Jedenfalls die Innen-Anne. Klar, natürlich schreibt sie über diese Seite von sich im Tagebuch. Sonst
bräuchte sie ja auch kein Tagebuch schreiben. Wenn ich sie
treffen könnte, dann würde ich sie fragen, wie denn die All-
tags-Anne gewesen ist? Von der schreibt sie, dass sie so anders
sei. Darüber würde ich gern mit ihr reden; das kenne ich auch,
ich habe in der Schule zum Beispiel auch so eine Fassade, da
bin ich auch nicht so, wie ich wirklich bin. Das bin ich sowieso eigentlich nur in der Musik. Wenn ich darüber nachdenke,
dass sie so kurz vor dem Ende des Krieges und der Befreiung
der KZs gestorben ist! Immer war sie so kurz davor! Sie und
ihre Familie sind mit dem alleralerletzten Zug aus Westerbork
nach Auschwitz gebracht worden. Mit dem letzten!

Annes größter Traum war es, eine bedeutende Schriftstelle-
rin zu werden. Mein größter Traum ist es, Geigerin zu werden.

> Mit Schreiben werde ich alles los. Mein Kummer
> verschwindet, mein Mut lebt wieder auf. Aber,
> und das ist eine große Frage, werde ich jemals
> etwas Großes schreiben können, werde ich jemals
> Journalistin oder Schriftstellerin? Ich hoffe es,
> ich hoffe es so sehr!   *Anne Frank* [51]

Im Museumsshop habe ich mir ein Poster ausgesucht. Nur das
Fenster vom Dachboden mit dem Blick auf den Kastanien-
baum ist darauf. Das einzige bisschen Licht und Natur, das
Anne vergönnt war. Was konnte sie sich daran freuen! Ich hoffe,
sie hatte in Westerbork, Auschwitz und Bergen-Belsen auch irgendeinen Baum, irgendeinen Trost, irgendeinen Blick in den
Himmel.

Abends im Hotel

Die Bootstour war ein großer Spaß. Angela war zwar immer nah am Herzinfarkt, weil Jerry und ich nicht so gut steuern konnten und dann gegen die Brückenpfeiler oder die Treppenstufen mit dem Boot gekracht sind. Allerdings heißt das nicht viel, sie ist schnell mal nah am Herzinfarkt ... Aber wir haben uns gut unterhalten und viel gelacht. Abends haben wir draußen gesessen und noch was gegessen. Es war warm, von den Grachten kam ein wenig Luft und alles roch nach Sommer. Wir haben noch mal über den Besuch im Anne-Frank-Museum geredet. Jerry hat ein Buch mit und davon erzählt: „Geheimversteck Hotel Atlantic"[52] *heißt es und es spielt in Amsterdam während der Besatzung.*

„Es geht um einen kleinen Jungen, Ronny. Und seinen Vater, der, zusammen mit zwei deutschen Offizieren, Juden vor den Nazis versteckt." – „Dann ist es ja wie das Gegenstück zu Anne Frank, dann geht es um die Menschen, die mutig waren, so mutig, dass sie Juden versteckt haben." – „Ja, genau. Es ist sowieso spannend, aber ich wollte es auch lesen, weil es eine wahre Geschichte ist. In der Mitte des Buches sind Fotos, man kann alle Menschen sehen, um die es geht." – „Es gab also doch Menschen, die sich Hitler widersetzt haben, die mehr Mut als Angst hatten." – „Und was für einen Mut. Ronnys Vater wird von der Gestapo verhaftet und lange kommt er nicht zurück. Die deutschen Offiziere helfen, sie entführen ihn regelrecht. Als er zurück kommt, fehlen ihm oben im Mund alle Zähne." – „Iiihhh, wie furchtbar. Hat er dann aufgehört?" – „Nein. Und Ronny war so stolz auf seinen Vater. Er wollte auch helfen und hat sich um einen Jungen gekümmert, der untergetaucht war. Das war so gefährlich, aber er hat es gemacht. Ich hatte richtig Gänsehaut beim Lesen."

Eine Weile hat niemand geredet. Wir haben nur dem fröhlichen Treiben auf der Gracht vor uns zugeschaut. „Weißt du", hat Jerry hinzugefügt „ich bin so froh, dass es Menschen wie

Ronnys Vater gab und die, die Franks versteckt haben. Stell dir vor, niemand hätte das gemacht, alle hätten nur Angst gehabt und mitgemacht! Ich bin so, so froh darüber. Sonst gäbe es ja gar keine Hoffnung."

> All dies läuft letzten Endes für mich auf eines hinaus: wir haben das absolut Böse entdeckt. Und nicht das absolut Gute. Was können wir also tun, damit die Jugend, die uns die Ehre erweist, uns zu lesen und zuzuhören, nicht völlig die Hoffnung verliert? Auf welche Weise können wir ihnen vermitteln, dass dem Menschen dieses Streben nach dem Absoluten nicht nur im Bösen, sondern auch im Guten gegeben ist?
>
> Elie Wiesel[53]

Wozu bin ich am Leben geblieben?

Mitte Juli war es dann soweit. Mein Onkel war schon nach Australien abgereist, er hatte mich nicht mal gefragt, ob ich mitkommen möchte. Ich war ihm egal. Fast alle andern haben sich entschieden, nach Polen zurückzukehren. Wir sind mit dem Zug gefahren. Und dann war ich wieder da, in Krakau. Ich bin in das Viertel gegangen, wo ich als Kind wohnte. Erst fand ich niemanden – aber dann hatte ich Glück: Freunde meiner Eltern hatten ihre alte Wohnung behalten. Wie groß war unsere Wiedersehensfreude! Gleich haben sie mir ein Zimmer zur Verfügung gestellt und ich konnte einfach bleiben. Sofort wurde ich aktiv, ging zu Behörden, zur Schule, suchte und fragte überall, ob irgendjemand eine Information hatte über meine Familie, meinen Vater, meinen Bruder, meine Mutter. „Sie ist am Leben", hatte eine Frau mir in Brünnlitz gesagt, nachdem meine Mutter nicht aus Auschwitz mitgekommen war. „Mach dir keine Sorge, sie lebt. Du wirst sie wiedersehen." Aber wann, und wo? Wie sollte ich sie finden?

In dieser Zeit bekam ich unvermittelt immer wieder Erstickungsanfälle. Ich ging zu einem Arzt, der mich schon als Kind behandelt hatte. „Die Anfälle kommen von dem, was du erlebt hast", erklärte er mir besorgt und mitfühlend. Nachdenklich fügte er hinzu: „Sag: Du hast doch früher Geige gespielt. Oder?" Ich nickte. „Dann besorg' dir eine, fang wieder an. So schnell du kannst. Die Musik wird dich gesund machen." Und so war es.

Es war schwer, wieder anzufangen. Meine Finger hatten schon soviel gekonnt – das war jetzt alles weg. Ich musste ganz von vorne anfangen. Das war mühsam, aber ich tat es. Die Erstickungsanfälle wurden allmählich weniger und hörten dann ganz auf. Ich war so ungeduldig. Alles, alles wollte ich auf einmal. Das ging nicht. Ich war auch der festen Überzeugung gewesen: wenn ich zurück komme, nach Krakau, dann freuen sich alle, dass ich wieder da bin, empfangen mich mit offenen Armen. Aber so war es nicht. Ich konnte bei den Freunden meiner Eltern bleiben, ja. Aber überall sonst? Mehr und mehr merkte ich: ich bin eine unerwünschte Person. Mit allem hätte ich gerechnet – damit nicht.

Alle im Lager wussten es und sagten es einander: es gibt kein Glück auf Erden, das je wiedergutmachen könnte, was wir erleiden. Um Glück war es uns auch nie zu tun – was uns aufrecht hielt, was unserem Leiden und Opfern und Sterben Sinn geben konnte, war nicht Glück. Trotzdem: auf Unglück – darauf war man kaum gefasst.

Viktor E. Frankl[54]

139

Ich versuchte alles zu vergessen. Aber es geht nicht, ich konnte und kann meine Kindheit und Jugend nicht „bewältigen". Bis heute nicht. Die Wunden sind zu groß, zu tief. Wie oft habe ich mich schon gefragt, was ich ohne Krieg, ohne KZ, ohne den Horror meiner Kindheit geworden wäre? Alle sahen und sehen und sagten: Es ist doch vorbei! Niemand stellte sich die Frage, wie ein Sechzehn-, Siebzehnjähriger weiterleben kann, wenn er erlebt hat, was ich erlebt habe. Wie man leben kann mit diesem Horror in den Knochen und mit dem Verlust der ganzen Familie, von 65 Menschen. Im mir wurde eine andere Frage immer lauter: „Wozu bin ich am Leben geblieben?"

Polen: Wann gehen Sie in die Partei?

Zu der Zeit vom Ende des Krieges 1945 bis zum Jahr 1958, als ich Polen endlich, endlich verlassen konnte, will ich nicht viel sagen. Was ich erzählen will: Ich bin nur kurz in Krakau geblieben. Als ich kurz nach dem Krieg zur Zeugenaussage nach Bochnia musste, habe ich dort einen Bekannten getroffen, der mir mit seinem Hinweis sehr weitergeholfen hat: „Geh nach Breslau. Da gibt es Internate für solche wie dich." Er hatte recht, ich habe meine Sachen gepackt und bin in Breslau wieder zur Schule gegangen.

1949 habe ich eine fantastische Frau kennengelernt. Ein Mann aus meinem Orchester hat immer zu mir gesagt: „Ich habe eine hübsche Cousine in Warschau. So ein tolles Mädel." Irgendwann, als wir auf einer Party spielten, habe ich dann zu ihm gesagt: „Waldemar, deine Cousine wird meine Frau." – „Du bist verrückt. Du kennst sie doch gar nicht." – „Warum nicht? Du wirst schon sehen." Ich schrieb ihr einen Brief, zwei Wochen später haben wir uns in Warschau kennengelernt und sechs Monate später waren wir verheiratet. 2010 haben wir diamantene Hochzeit gefeiert. Das ist etwas, was ich jungen

Menschen gerne sagen möchte: Es gibt sie, die große Liebe zwischen zwei Menschen. Meine Frau ist katholisch, wie meine Mutter. Es hat zehn lange Jahre gedauert, bis ich ihr gestanden habe, dass ich Halbjude bin. Sie hat es mehr durch einen Zufall entdeckt und war einigermaßen erschüttert.

„Warum hast du mir das nie gesagt?" – „Weil ich auch zwei Ghettos und drei Konzentrationslager überlebt habe. Ich hatte wahnsinnige Angst, du würdest mich dann nicht akzeptieren."

Auch ihr war Leid nicht erspart worden: Ihr ältester Bruder war im Widerstand, der zweite in Mauthausen im Konzentrationslager. Und sie selbst ist beim zweiten Warschauer Aufstand, nicht dem großen Ghettoaufstand, evakuiert worden. Da hat sie besonders gelitten. Sie musste zwei, drei Wintermonate ohne Schuhe, nur mit einem Sommerkleid, überstehen. Sie war in einem Bauernhof untergebracht. Als wir heirateten, wusste sie nicht, dass sie sehr, sehr krank war. Die Ärzte haben dann gefragt: „Was ist im Krieg passiert?" Ihre Geschichte machte klar, warum sie so krank geworden war.

Bald wurden wir Eltern, eine neue, kleine Familie. Die Zeiten waren mehr als schlecht, als Gregor geboren wurde. Aber wenn ich irgendetwas in der Hölle gelernt hatte, dann das: zu organisieren. Jetzt kam es mir zu Hilfe. „Ich brauche Badetücher. Mit irgendetwas muss ich das Kind doch abtrocknen", sagte meine Frau. „Ich habe eine Idee", meinte ich, „wenn es dir nichts ausmacht, dann nimm die hier." Ich gab ihr die Flanelloberhemden von Amon Göth. Meine Frau hat daraus Badetücher für das Baby geschneidert.

Ich habe erfolgreich Musik studiert, und zwar ohne jede fremde Hilfe; darauf bin ich stolz. In Breslau habe ich in meinem Beruf gearbeitet, als musikalischer Redakteur im Radio und als Mitglied eines Kammerorchesters im Rundfunk. Nach ein paar Jahren im Rundfunk und im Orchester trugen gutmeinende Menschen mir immer öfter an: „Geh doch in die Partei. Tritt in die kommunistische Partei ein. Mach es endlich." Doch das kam für mich nicht in Frage. Ich zahlte dafür den Preis, bald würde es vorbei sein mit meiner Karriere als Musiker und auch als Redakteur. So war es, nicht lange danach wurde ich, als politischer Gegner des Systems, entlassen.

Wir hatten ein kleines Kind – ich musste also sofort etwas anderes finden. Mit viel Glück habe ich eine Stelle in einem Country- und Klezmerorchester gefunden. Hier arbeitete ich einige Zeit als Geiger, Schlagzeuger und Sänger. Und es hat mich viele, viele Strapazen und Bemühungen gekostet – aber 1958 konnten wir Polen in Richtung Israel verlassen; damals war es im Land wirklich unerträglich geworden. Der Antisemitismus war in Polen nach dem Krieg schlimmer als vorher.[55] Wenn ich irgendwo in diesem Land gesagt habe, dass ich in zwei Ghettos und drei Konzentrationslagern war – dann war ich sofort eine unerwünschte Person. Die Polen, mit denen ich zu tun hatte, waren hundertprozentig davon überzeugt, dass alles, was sie sich von Juden erobert hatten im Krieg, Wertsachen, Häuser, Möbel zu Recht ihnen gehörte. Kein Jude hatte die Chance, etwas zurückzuverlangen, geschweige denn, es zu bekommen. Mir selbst ist es so gegangen: unser Haus und der Boden auf dem es stand – sie waren einfach verloren für mich nach dem Krieg. Ich war schrecklich enttäuscht, und schließlich habe ich die ganze Zeit nur an eines gedacht: welche Gelegenheit gibt es, von hier weg zu kommen? Als sie dann kam, die Gelegenheit, habe ich nicht eine Sekunde gezögert.

Israel: Wen haben Sie verraten, um nicht ins Gas zu kommen?

So kam ich nach Israel. Ich war voller Hoffnung. Sechs Millionen Juden waren ermordet worden, aber der Staat Israel war auferstanden! Ich weiß heute nicht genau, was ich erwartet habe. Hilfe vielleicht nicht, aber Respekt wohl doch.

Erst einmal mussten wir einwandern. Es war genau wie in dem jüdischen Witz: Ein ganzer Transport von Juden ist angekommen. Jetzt warten sie alle vor dem Büro für Immigranten, um sich registrieren zu lassen. Der erste geht rein. „Name?", „Alter?", „Beruf?" – „Musiker." Der zweite geht rein. „Name?", „Alter?", „Beruf?" – „Musiker." Der dritte geht rein. „Name?", „Alter?", „Beruf?" – „Musiker." Und so geht es weiter. Irgendwann kommt der Beamte nach draußen und sagt: „Es ist mir bekannt, dass alle Juden Musiker sind. Aber gibt es hier vielleicht auch einen Schlosser?"

Ich wurde auch gefragt: „Beruf?", und sagte: „Musiker". – „Musiker brauchen wir nicht, davon haben wir genug." Der Direktor eines großen Hotels baute mir eine Brücke: „Wenn du als Musiker nicht Fuß fassen kannst, dann arbeitest du bei mir im Hotel." So kam ich in die Gastronomie und die Hotelbranche. Im Hotel hatte ich eine feste Stelle, und wenn viele Touristen kamen, gab es viel Trinkgeld.

Nur langsam habe ich andere Musiker kennengelernt. Aber es kam der Tag, als ein Musiker und Manager mich ansprach: „Wir organisieren ein Orchester. Ich will etwas tun für die vielen Juden aus Polen hier. Bist du dabei?" Die Idee war gut. Die polnischen Juden hatten Sehnsucht nach den Liedern, die sie aus der Zeit vor dem Krieg kannten. „Wir müssen irgendwo ein Café oder ein Lokal finden, das uns erlaubt, solche Musik aufzuführen." Wir waren ein Sextett und übten ein halbes Jahr, stellten ein Programm zusammen, und über zwei Jahre lang haben wir zusammen gespielt – und Geld verdient. Die Musik war kitschig, das waren keine anspruchsvollen Texte, aber schöne Liebeslieder: „Der letzte Sonntag" oder „Bei mir bist du schön". Oder Tangos wie „La comparcita". Es war genau das, was die Menschen hören wollten, etwas, das ihre Sehnsucht berührte und vergangene, bessere Tage beschwor. Für mich war es eine gute Zeit. Ich konnte Geige und Schlagzeug spielen und singen. Ich freute mich, vor Publikum zu stehen.

Die Gäste waren zufrieden an solch einem Abend, vielleicht sogar glücklich. Wir musizierten in Tel Aviv auf einer großen Terrasse am Meer. Warme Abendsonne, frische, salzige Meeresluft, die erwartungsfrohen Gäste, ich durfte musizieren – und konnte damit auch noch Geld für meine Familie verdienen!

Doch trotzdem konnte ich es in Israel nicht aushalten. Wenn jemand mitbekam, dass ich ein ehemaliger KZ-Insasse war, dann kam immer dieselbe, ungeheuerliche Frage. In immer neuen Variationen drang es vorwurfsvoll an mich heran: „Was hast du gemacht, dass du lebst?", oder „Wie viele hast du verraten, dass du lebst?", oder „Wer musste ins Gas, damit du leben konntest?" Zu den quälenden Gespenstern der Erinnerung auch noch dieses anklagende Misstrauen ertragen? Zuviel für mein verwüstetes Herz.

Eine Einladung wurde zum Fluchtweg. Eine Einladung, als Zeuge vor Gericht im Prozess gegen Franz Müller auszusagen. Der pure Zufall hatte sie mir verschafft. In Tel Aviv habe ich jemanden wiedergesehen. „Ich kenne Sie aus dem Ghetto Bochnia!" – „Aus Bochnia? Sie waren auch in Bochnia?" – „Ja, das stimmt." Wir kommen ins Erzählen und auf einmal fragt der andere mich: „Wissen Sie eigentlich, dass der Ghettokommandant Franz Müller von Bochnia vor Gericht gestellt wird? Sie suchen Zeugen. Wollen Sie nicht aussagen gegen ihn?" Ob ich aussagen wollte? Nichts lieber als das. Aber nicht gegen ihn. Niemals.

Ich frohlockte innerlich, besser konnte es nicht kommen. Die Einladung war mit einem Flugticket und hundert Mark verbunden. Innerhalb von 24 Stunden war ich bereit für den Abflug. Ich konnte ausreisen – weg von diesen furchtbaren Fragen, was ich verbrochen hätte, um zu überleben. Endlich würde ich meinen Lebensretter wiedersehen. Ich durfte in seinem Prozess aussagen! Die Wahrheit wollte ich sagen, natürlich würde ich für ihn aussagen. Aussagen, dass er nur zwei Menschen erschossen hat, einer davon eine alte Frau. Weil ein

Jude seine eigene Mutter verraten hatte. Ich wollte erzählen, dass Franz Müller mich zum Hundepfleger gemacht hatte, dass wir immer Zeichen, verschlüsselte Warnungen bekamen, wenn eine Aktion, eine Selektion bevorstand. Dass er mich in Plaszów vor dem Kindertransport bewahrt hat. Dafür sorgte, dass ich auf Schindlers Liste komme. Wer sonst sollte das alles gemacht haben? Ich würde mich bedanken können – und auch meine Fragen stellen: „Warum haben Sie das getan? Wie war das damals in der und der Situation? Was ist da passiert?" Ich würde in Düsseldorf meine Dinge erzählen – und dann nach Australien weiterreisen. So sah mein Plan aus. Jetzt würde alles gut werden, endlich. Hätte ich gewusst, was mich erwartet!

Deutschland: Von Stichtagen, Entschädigungszahlungen und anderer Bürokratie

In Deutschland habe ich in den ersten Tagen nichts wahrgenommen von meiner Umgebung. Ich wollte mich auf den Prozess vorbereiten. Die Erinnerungen hervorzuholen und auszuhalten war anstrengend. Schon nachmittags war ich so erschöpft, dass ich nur noch schlafen konnte. Dann kam der Tag des Prozesses. Meine Nerven waren zum Zerreißen gespannt. Die Erinnerungen an Bochnia und Plaszów, an blutige Razzien und Erschießungen, aber auch das Bewusstsein, überlebt zu haben, alles blähte sich zu überdimensionalen Gespenstern auf. Bald, gleich, heute würde ich aussagen. Noch eine Stunde bis zum Prozessbeginn. Da trat der Anwalt von Franz Müller zu mir: „Es wird nicht zum Prozess kommen. Der Angeklagte ist diese Nacht verstorben."

„Alles ist Schicksal. Da kann man nichts machen", waren meine Gedanken – aber bodenlos enttäuscht ging ich wie im Schock nach Hause. Die „Erklärung" für die Absage des Prozesses habe ich einfach hingenommen; sie stimmte nicht, wie ich durch einen unglaublichen Zufall erst fünfundvierzig Jahre

145

später erfahren habe: Im Kölner NS-Dokumentationszentrum traf ich Anfang 2011 eine junge Australierin, Enkelin von nach Australien ausgewanderten polnischen Juden. Sie kannte das Ghetto Bochnia aus Erzählungen und wusste: Juden hatten den Prozess im letzten Moment verhindert, aus Angst, dass eigene Verstrickungen ans Licht hätten kommen können. Franz Müller ist dann doch noch später der Prozess gemacht worden.

> Der Zeuge Oskar Schindler bei seiner Vernehmung
> am 8.12.1965 im Verfahren gegen Franz Müller:
> Der Beschuldigte Müller, der aus Bochnia kam,
> ist mir bekannt. (…) Müller inspizierte dienstlich
> von Plaszów die Außenlager. (…) Müller besaß
> einen Schäferhund mit gelblichem Fell. Mir ist nicht
> bekannt, dass er hier (in meinem Betrieb, hand-
> schriftliche Ergänzung von Schindler am Rand
> des Protokolls) etwas Schlechtes getan hätte.[56]

In Düsseldorf lernte ich einen sehr netten Anwalt kennen. Er wies mich auf Entschädigungen und Wiedergutmachungs-zahlungen hin. Er kontaktierte für mich auch eine ärztliche Kommission, die meinen Gesundheitszustand nach den KZ-Aufenthalten feststellen sollte. Irgendwann in der ganzen Pro-zedur stellte sich dann heraus, dass ich Stichtage versäumt hätte. Woher ich wohl von diesen hätte wissen können, fragte ich mich und die Behörden. Aber die Frage war irrelevant, die Stichtage für Entschädigungen waren verstrichen.

„Die Ihnen zustehende Entschädigung kann ich Ihnen nicht mehr in voller Höhe zuerkennen. Ich kann Ihnen nur noch eine pauschale Wiedergutmachung bewilligen", beschied mir eine Beamtin im Gespräch. Ich konnte nicht an mich halten: „Benutzen Sie diese Worte nicht! Entschädigungen, Wiedergutmachungen! Ihre Sprache macht mich krank, sie kotzt mich an", spuckte ich ihr auf den Schreibtisch. „Was erlauben Sie sich? Wie reden Sie mit mir? So geht das nicht!", sie wurde auch ungehalten. – „Das geht so nicht? Es geht nicht, wie Sie mich behandeln! Wie können Sie nur überhaupt solche Worte wählen? Es gibt nichts wieder gut zu machen, und was passiert ist, kann man nicht entschädigen."

Immer noch empört, die Zornesröte im Gesicht, bemühte sich die Beamtin dann wieder um Fassung. Langsam atmete auch ich gleichmäßiger und versuchte es noch einmal: „Also, stellen Sie sich vor: Sie leben in einem schönen Haus, wunderbar eingerichtet, haben Eltern, Geschwister und viele Verwandte, eine richtige Großfamilie. Dann kommt jemand, Sie sind noch ein Kind, und wirft Sie und alle anderen aus dem Haus. Sie müssen in ein Lager. Sind mörderischen Bedingungen und bestialischen Torturen ausgesetzt. Sie verlieren 65 Verwandte. Das Haus haben sich andere angeeignet. Und nach 25 Jahren komme ich zu Ihnen und sage: ‚Zur Wiedergutmachung bekommen Sie 10 000 Mark'. Ich frage Sie, sagen Sie dann, oh, dankeschön, damit bin ich entschädigt worden? Jetzt ist es wieder gut gemacht? – Bis heute hat sich niemand bei mir entschuldigt. Mein Vater, meine Mutter, mein Bruder und fast alle Verwandten sind tot. Unser Vermögen, das deutsche Behörden auf 127 000 Reichsmark geschätzt haben, ist verloren. Und dabei habe ich noch gar nicht von einer verlorenen Kindheit, von Ghettos und Konzentrationslagern gesprochen!"

Für einen Moment sah ich blankes Entsetzen in ihren Augen, dann blickte die Beamtin weg. Als sie mich wieder anschaute, waren ihre Worte bestimmt, ihr Blick gerade: „Sie haben vollkommen Recht. Ab morgen liegen Ihre Unterlagen bei den zuständigen Stellen." – „Nun gut." Immer noch voller Ärger trat ich aus dem Büro. Direkt neben diesem Amt befanden sich zu der Zeit Büros von Anwälten und Beratern; einer von ihnen lief über den Flur, sah in mein Gesicht und fragte:

„Wie sehen Sie denn aus, was ist Ihnen zugestoßen?" Ich erzählte kurz. „Zeigen Sie mir doch mal Ihre Unterlagen. Wissen
Sie, die Zeiten, in denen das Geld blind ausgezahlt worden ist,
die sind vorbei. Zu viele Menschen haben unberechtigt Zah-
lungen bekommen." Er lud mich in sein Büro ein. „Ihre Unterlagen sind alle echt. Wenn Sie möchten, kümmere ich mich
darum." – „Was kostet mich das?" – „Falls es zu einer Auszah-
lung kommt, dann bekomme ich 10 Prozent."

Wie so oft war ich auch in diesem Fall zu gutgläubig.
Mir wurden 28 000 Mark zugesprochen. Nach drei Jahren be-
kam ich nur einen kleinen Teil davon – den Rest hatten die
Anwälte gefressen.

In Düsseldorf bin ich schließlich krank geworden, tod-
krank. Mein Visum für Australien verfiel. Alle sagten: „Jetzt
kommt die Zeit in den Ghettos, den Lagern zutage. Wie sollte
man da nicht krank werden." Die Ärzte gaben mir nur geringe
Überlebenschancen. Fast sechs Monate lang war ich krank,
nur mein Wille hat mich zusammengehalten. Ich muss sagen,
ich habe die Ärzte am Ende enttäuscht. Ich lebe, sogar heute
noch. Der Zustand, nun ja, der ist eben, wie er ist. Aber ich
lebe.

„Wiedergutzumachen" ist nichts mehr. Aber vielleicht könnte man es in Zukunft „besser" machen
und versuchen, mit vereinten Kräften den Abgrund zwischen Tätern und Opfern – und heute
deren Nachkommen – zu überbrücken.

Anita Lasker-Walfisch[57]

An Australien war unter diesen Umständen nicht zu denken.
„Sie müssen in medizinischer Obhut bleiben", sagten die Ärzte.
So konnte ich nicht anders, als in Deutschland zu bleiben.
Der Platz meiner Frau war an der Seite unseres Sohnes, der in

Israel zur Schule ging und dem wir nicht schon wieder eine so gewaltige Umstellung zumuten wollten. Langsam, zwei-, dreimal die Woche, fing ich an zu arbeiten. Bemühte mich, einmal mehr, Fuß in einem neuen Land zu fassen. Konnte manchmal in einem Kabarett im Orchester mitspielen. Natürlich kam so nur wenig Geld zusammmen. Nach einem Kabarettabend kam der Besitzer zu mir: „Sagen Sie, stimmt es, dass Sie in Israel in der Gastronomie und im Hotel gearbeitet haben?" „Ja, das ist richtig." – „Ich brauche einen Barmixer". Mit dieser Stelle verdiente ich das Doppelte. Viele Jahre habe ich dann Cocktails gemixt – und privat Geige gespielt.

Verrat an meiner Mutter

Immer noch wusste ich nicht, was mit meiner Mutter passiert war. Mein Kopf sagte: „Hör auf zu hoffen, sie ist tot, tot, tot. Du weißt nur nicht, wie und wann sie gestorben ist." Aber mein Herz sehnte sich doch immer noch so sehr nach ihr! Ihre dunklen Augen nicht mehr sehen, ihren Wiener Akzent nicht mehr hören, nie mehr über ihren Charme lächeln zu können, das alles war schlimm genug. Aber nichts, gar nichts über ihr Schicksal in Erfahrung bringen zu können, war eine zusätzliche Folter!

Der Krieg war schon seit zweiundzwanzig oder dreiundzwanzig Jahren vorbei. Ich schlenderte durch Düsseldorf. Es war ein schöner Tag, und mir ging durch den Kopf, dass ich mir Jahre zuvor niemals hätte vorstellen können, dass ich durch Deutschland gehe – ohne einen SS-Mann direkt hinter mir. Sofort werden die Erinnerungen wieder lebendig. Eine Szene aus dem Ghetto steigt auf: ein jüdischer Junge war in einem verlassenen Haus gefunden worden. Er hatte sich dort versteckt, seine Familie war deportiert worden, er wusste nicht, was er machen sollte. Ein Schutzpolizist hatte ihn gefunden. Ich sehe die beiden ganz deutlich vor mir, den kleinen Jungen und den Mann. „Das ist ein Jude, erschieß den Juden", ruft ein anderer, da höre ich meinen Namen. Ich? Wieso sollte ich jetzt erschossen werden? Wieder höre ich meinen Namen, und jetzt merke ich auf einmal wieder, dass ich in Düsseldorf auf der Straße stehe. Ein Mann mit einem Koffer gibt mir heftige Zeichen. Ich war so in den Erinnerungen versunken gewesen, dass ich das Rufen als Teil meiner Tagträume wahrgenommen hatte. Wer rief mich da? Erst nach einer Weile erkenne ich einen Freund meines Vaters. – „Was für eine Freude, dich zu sehen. Hast du etwas Zeit?" – „Ja, aber natürlich habe ich Zeit für dich." Es ist Mittagszeit – wir suchen uns ein Café in der Nähe. „Wie geht's?" Wir erzählen und erzählen. Natürlich auch von damals. Er war immer noch wütend, auf einen Juden, der im OD gearbeitet hatte, dem Ordnungsdienst der Polizei, die die Nazis aus den Juden installiert hatten. Er war sich sicher, dass dieser OD-Mann das Versteck, in dem seine Eltern versuchten zu überleben, verraten hatte. Die Eltern wurden zum Sammelplatz gebracht und von dort direkt nach Treblinka. „Weißt du eigentlich, dass die Frau von diesem Verräter mit den Schindlerfrauen nach Brünnlitz gekommen ist?" – „Aber dann muss sie ja in Auschwitz gewesen sein. Dann hat sie ja meine Mutter gekannt. Lebt sie noch?" – „Aber ja, ich kenne sie doch. Sie lebt wie ich in Brüssel." – „Besorg mir die Adresse." Er hielt Wort, und bald hielt ich die Anschrift in Händen.

Es dauerte ein paar Wochen, bis ich genug Geld und auch Mut für die Reise zusammengesammelt hatte. Mein Herz klopfte zum Zerspringen, als ich in Brüssel vor der Wohnungstür der Frau stand, die endlich, endlich den Schleier von der Vergangenheit würde heben können. Ich schellte, mir wurde schwarz vor Augen. Die Angst war übermächtig. Ein Summer ertönte, die Tür klackte auf und ich stieg die Stufen zum dritten Stock hoch. Die Wohnungstür war offen, sie erwartete mich. Und erkannte mich sofort. Angespannt winkte sie. „Bitte komm herein." Sie bat mich in die Küche. Schon im Ghetto in Bochnia hatte sie mich gekannt, natürlich duzte sie mich. „Möchtest du einen Kaffee? Hast du Hunger von der Reise?" – „Einen Kaffee, das wäre schön. Aber essen kann ich jetzt nichts." Während sie Kaffee aufbrühte, holte sie dennoch Kuchen aus der Speisekammer und schnitt ihn auf. Schließlich setzte sie sich zu mir an den Tisch.

„Warum bist du gekommen?", fragte sie. „Ich möchte erfahren, was damals passiert ist. Ich muss wissen, was mit meiner Mutter Anna geschehen ist! Warum war sie nicht mit dabei, als die Schindlerfrauen aus Auschwitz herauskamen?" Sie stand auf, ihr Blick prüfte mich.

„Die Toten soll man ruhen lassen. Was hilft es dir denn, wenn du weißt, was passiert ist?" – „Alles hilft es. Tag und Nacht habe ich an meine Mutter gedacht. Sie so vermisst, dass mich der ganze Körper geschmerzt hat. Warum ist sie nicht gekommen? Wenn Sie es wissen, müssen Sie es mir sagen." Sie schaute aus dem Fenster. Zu sehen war draußen nichts Besonderes, sie schaute durch alles hindurch. Eine Weile war nur ab und zu ein Seufzen zu hören. Endlich fing sie doch an zu erzählen.

„Auschwitz war die Hölle. Die Hölle. Wir dachten ja, Brünnlitz sei das Ziel, und dann stand der Zug auf einmal in Auschwitz an der Rampe. Wir wurden hinaus geknüppelt. Mussten uns ausziehen. Sie schoren uns die Haare. Nackt trieben sie uns in einen Raum. Das Licht ging aus. Wir dachten, alle, jetzt ist es soweit, jetzt kommt das Gas. Aber dann kam Wasser von den Decken. Wir sollten uns duschen. Danach standen wir tropfnass in der Eiseskälte und versuchten uns gegenseitig zu wärmen. Deine Mutter hat diese Aktion nicht verkraftet. Sie ist krank geworden. Wir konnten es nicht verheimlichen, sie musste auf die Krankenstation. Da war sie, als plötzlich eine SS-Aufseherin mit einer Liste erschien, wir mussten zum Appell. Alle Schindlerarbeiterinnen wurden gesucht. Du weißt, wie die Appelle verliefen. Immer wurden nur unsere

Nummern aufgerufen. Aber an diesem Tag nicht. Die Aufseherin las unsere Namen vor. Als die Reihe an deine Mutter kam, meldete diese sich natürlich nicht. Wie auch. „Auf der Krankenstube", rief eine von uns. „Ich kenne sie, ich kann sie holen gehen", eine andere. „Geh' sie holen. Beeil dich", bellte die Aufseherin. Die Frau lief weg. Der Appell ging weiter. Bestimmt zwanzig Minuten später kam sie zurück. Aber nicht mit deiner Mutter." – „Nicht mit meiner Mutter? Warum nicht? War sie zu krank?" – „Nein, sie war zwar krank, aber nicht so krank. Sie konnte sich bewegen und aufstehen." – „Warum kam sie dann nicht mit ihr zurück?" Kaum konnte ich noch an mich halten. „Sie hatte ihre Schwester geholt." – „Ihre Schwester?", echote ich dumpf. „Ja, ihre eigene Schwester. Die stand nicht auf der Liste. Sie wäre vergast worden." – „Und meine Mutter?" – „Wir haben sie in Auschwitz zurückgelassen."

Ihre Augen waren dunkel von Qual und Schuld. Ich schwieg. Endlos. Ein Abgrund tat sich in mir auf. Ich kannte ihn zu gut, und auch das Gefühl, abzustürzen. Seit Brünnlitz, als meine Mutter nicht mit dem Frauentransport gekommen war, gab es diesen Abgrund in mir. Damals war ich in ihn hineingestürzt, habe Wochen im Fieberwahn in ihm verbracht. Nach dem Krieg hatte ich es geschafft, auf seinem Rand zu balancieren. Jetzt fiel ich wieder, der Sturz war noch erbarmungsloser. Meine Mutter war in der Hölle von Auschwitz verraten worden. Das Rätsel ist gelöst, der Schleier gehoben. Ich weine wie ein Kind. Irgendwann aber bin ich leergeweint. Die Tränen versiegen, der Schmerz brennt weiter.

„Warum haben Sie mir das nicht in Brünnlitz gesagt? Warum hat mir niemand etwas gesagt?" frage ich verzweifelt. „Wir hatten Angst, sie würden diese Frau, die statt deiner Mutter auf die Liste kam, umbringen, wenn jemand die Wahrheit erfährt." Bis heute bereue ich es, diese Wahrheit zu kennen.

Meine Vergangenheit bleibt besser geheim

Zu Beginn meiner Zeit in Deutschland bemerkte ich einen neuen Zug an mir: ich begann zu forschen, ich wollte wissen, wie die ältere Generation, die, die in der Zeit der Judenverfolgung die Verantwortung trug, sich verhält, wenn sie jemandem wie mir begegnet. Bald wusste ich nicht, ob ich meine „Forschungsergebnisse" zum Lachen oder Weinen finden sollte. Sobald einer im Bekanntenkreis mit dem Krieg anfing, gingen die Klagen los: „Was hatten wir für einen schrecklichen Hunger!" – „Die Bombennächte, wie furchtbar..." – „Was haben wir gelitten." – „Die Zeit in der Gefangenschaft. Lieber nicht davon erzählen." So ging es fort und fort. Es dauerte aber nie lange, und es ging um die Judenverfolgung. „Wir haben nie etwas Schlimmes gesehen." – „Das ist doch übertrieben." – „Ich kann mir das einfach nicht vorstellen." – „Wir hätten doch etwas merken müssen." – „Das ist doch Propaganda, die wollen unser Geld." – „Aber uns kann man doch nicht zur Verantwortung ziehen!" Ich hielt mich immer im Hintergrund, beteiligte mich nicht, beobachtete nur. Einmal wandte sich in einem solchen Gespräch eine Frau an mich: „Wo waren Sie eigentlich im Krieg?" – „In zwei Ghettos und drei Konzentrationslagern." Sofort ging die Hälfte der Gruppe weg. Verschwand einfach. Mit der anderen Hälfte aber entspann sich eine gute Diskussion.

> Nur wenn man sich mit einer einzelnen Überlebenden und seiner Geschichte zu identifizieren und sich selbst in die Lage eines ‚Untermenschen' zu versetzen versucht, kann annähernd verstanden werden, was es bedeutete, nicht mehr dazuzugehören und zum Tode verurteilt zu werden, weil man von der ‚Herrenrasse' für ‚minderwertig' befunden worden war.
>
> *Anita Lasker-Walfisch*[58]

Leider war die Adenauer-Regierung in meinen Augen nicht in der Lage, den Menschen die Wahrheit zu sagen, über den Holocaust und sechs Millionen ermordete Juden aufzuklären. Mit der Zeit habe ich gespürt, dass ich nur existieren kann, wenn ich meine Vergangenheit geheim halte.

> Schweigen ist verboten, Sprechen ist unmöglich.
> (...) Was soll man tun, um das sagen zu können,
> was gesagt werden muss?   *Elie Wiesel*[59]

Es kam der Tag, in den Achtzigern, als ich etwas anfassen wollte, meine Hand aber so zitterte, dass es nicht gelang. Wieder einmal ging ich zum Arzt. „Ich kann Ihnen nicht helfen. Das ist Parkinson, damit müssen Sie leben." Mit der Musik war es aus. Mit den Cocktails auch. Elf Jahre lang habe ich dann als Aushilfe in einem großen Kaufhaus gearbeitet.

Der Film öffnet die Tür zum Leben

4. September

Endlich. Ich kann's ja kaum glauben, aber ich darf ihn sehen, den Film! Ab und an, wenn die Zeit es erlaubt, schauen wir abends zusammen einen Film. Bennie bringt oft Filme mit. Ich habe gefragt, ob wir nicht, jetzt wo ich dreizehn bin, bald vierzehn werde, doch mal Schindlers Liste schauen können. Meine Mutter hat eine Weile nichts gesagt, mein Vater auch nicht. „Warum nicht. Wenn du es immer noch willst. Schlimmer als die Wirklichkeit kann es nicht sein."

Ich habe mich gefreut, auf die Orte, an denen ich mit Herrn Emge gewesen war. Auf die Geigenmusik von Itzhak Perlman. Alle anderen hatten Angst. Meine Mutter hatte Angst, dass sie der Film zu sehr mitnimmt, mein Vater, weil er nicht wusste, was ihn erwartet. Bennie war vor allem gespannt, weil der Film so viele Oscars bekommen hat und er gute Filme liebt. Im Arbeitszimmer hatte er alles gerichtet, den Bildschirm zum Raum gedreht, Stühle vor den Schreibtisch geschleppt, Getränke bereit gestellt. Und dann ging es los.

Kerzen brennen. Eine jüdische Familie feiert den Sabbat.

5. September

So ein langer, langer Film. Gestern Abend war ich völlig erschlagen. Ich habe zwar noch versucht, Geige zu spielen danach, aber es ging nicht. Ich musste schlafen. D.h. ich wollte, aber ich habe noch lange wachgelegen. Wie froh war ich, dass ich den Film erst jetzt gesehen habe. Erst nach der Polenreise und erst nach den Erzählungen von Herrn Emge. Die Bilder

*sind so eindrücklich, viel stärker als meine Vorstellung, ganz
sicher hätte ich mich nicht davon frei machen können. Jetzt
bekomme ich das Ekeln, wenn ich daran denke, dass ich auf
der Terrasse gestanden habe, auf der Göth seine sadistischen
Schießübungen gemacht hat – und so viele Menschen ermordet hat dabei. Und noch was ist mir deutlich geworden: Bevor
ich eingeschlafen bin, sind vor meinen Augen die vielen, vielen,
vielen Ermordeten vorbeigezogen. Herr Emge ist ein Mensch,
der gelitten hat. Das Leid hat ein Gesicht, das Schicksal einen
Namen. Aber in dem Film ist mir auf einmal klar geworden,
dass er einer – einer von Millionen war! Nur einer muss es
heißen. Das war das Brutalste diese Nacht, diese Erkenntnis,
wie viele Herr Emges es gegeben hat. Wie soll ich das nur anschauen? Als große Menschenmasse – oder als viele Einzelne?*

*Als am Ende die vielen Schindlerjuden an Schindlers Grab
vorbeiziehen, war ich aber auch traurig: warum nur ist Michael Emge nicht dabei?*

Schindlers Liste verändert noch einmal mein Leben: der Spielberg-Film

„Morgen gehen wir ins Kino." Meine Frau steht vor mir
und wedelt mit zwei Eintrittskarten vor meinem Gesicht. Ihre Augen blitzen. Kein Wunder: diese Überraschung ist
ihr gelungen: Schindlers Liste läuft im Kino. „Es wäre doch
schade, wenn wir das verpassen."

Schindlers Liste. Sofort blitzt und gewittert es in meinem
Kopf. Ich stehe wieder in der Fabrik in Brünnlitz. In Gross-
Rosen. In Plaszów. Rasend schnell ziehen die Orte an mir vorbei, in denen die Liste geschrieben wurde, Orte, von denen die
Liste mich erst weg- und zu denen sie mich dann hingebracht
hat. Schindlers Liste. Die Liste, die die Arbeiter von Schindler retten sollte. Warum ist dann meine Mutter, die doch als
einzige von uns bei Schindler gearbeitet hat, nicht gerettet

worden? Die Liste, auf der die Überlebenden stehen sollten. Warum steht dann mein Bruder drauf, lebt aber nicht mehr? Berühmte, verdammte Liste! Die Aussicht auf den Kinoabend macht mir Sorgen, hoffentlich wird es keine Enttäuschung. Davon gab es wahrlich genug in meinem Leben.

Einen Abend später. Wir sitzen im Kino. Der Abspann läuft. Ein letztes Mal die wunderbaren Geigenklänge von Itzhak Perlman, dazu hunderte von Juden, die durch Schindlers Liste überlebt haben und mit ihren Kindern und Enkeln am Grab von Oskar Schindler vorbeiziehen. Ich tauche aus dem Film auf. Verstummt. Meine Knöchel weiß gequetscht, mein Kiefer verkrampft.

Nach dem Film gehen wir noch einen Kaffee trinken. „No, warum sagst du nichts?", die Augen meiner Frau holen mich zurück aus weiter, weiter Ferne. Ich höre auf, im Kaffee zu rühren. Schaue meine Frau an. „Ich kann das nicht begreifen. Aus Nichts macht man einen Mythos."

Meine Frau verstand. An diesem Abend wurde nichts mehr gesprochen.

Es hat nicht lange gedauert, und im Fernsehen fingen die Talkshows und die Dokumentationen an. Mein Zorn wurde immer größer: wer da alles reden durfte! Aber schon vom Alter her gar nicht dabei gewesen sein konnte! Ich schrieb an Biolek, an Jauch und wie sie alle hießen. Nicht einmal eine Antwort ist gekommen. Alles schmeckte wieder bitter: es ging nur um Kommerz, es ging um Geld, nicht um Wahrheit.

In meiner Verzweiflung habe ich einen bekannten jüdischen Schriftsteller angerufen. „Solange Sie sich verstecken, solange passiert gar nichts." – „Aber was soll ich denn tun?" „Hören Sie auf, sich zu verstecken. Werden Sie der Zeitzeuge, der Sie sind. Gehen Sie in die Schulen, diskutieren Sie mit den jungen Menschen."

Der Schriftsteller vermittelte mich ins NS-Dokumentations-zentrum in Köln. Ich habe aufgehört zu schweigen, angefangen zu reden. So bin ich zu meiner Vergangenheit zurück-gekommen.

Meine „Karriere" als Zeitzeuge in Schulen ist, wenn ich so sagen darf, durchaus ein Erfolg. Jedenfalls in den Schulen, in denen die Lehrer Interesse an diesem Thema haben. Viele Lehrer klagen, sie hätten keine Zeit, die Zwänge des Unterrichtsplanes, „Sie verstehen schon". Nein, ich verstehe nicht, wenn sie dann 90 oder gar nur 45 Minuten anbieten. Wie soll ich da erzählen, wie soll dann auch noch Zeit sein für eine Diskussion, für die Fragen der Kinder und Jugendlichen? Da wo Zeit ist, da entstehen ganz wunderbare Gespräche. Wunderbar, weil die jungen Menschen zuhören. Und verstehen wollen.

> Meiner Meinung nach ist es so: Jedes Volk ist ausgewählt und jedes zu etwas anderem. Die Juden während des 2. Weltkriegs wurden ausgewählt zu sterben, die Deutschen zu morden. Meine Erinnerungen sind nicht nur zum Erzählen, sondern auch eine Mahnung, dass sich so ein Horror nicht mehr wiederholt.
>
> *Michael Emge*

Judith

Zeitzeuge zu werden, das war eins. Judith zu treffen und für sie Zeitzeuge zu sein, etwas ganz anderes. Judith wollte alles wissen, alles und ganz genau. Am Anfang war ich skeptisch – sie war noch so jung. Aber ich habe schnell gesehen, dass sie schon so weit ist und echte Fragen hat. Vor allem aber: sie macht das aus Überzeugung, sie will nicht irgendwo in der Schule oder wo auch immer angeben: „Ich habe einen Mann kennengelernt, stell dir vor, der war im Ghetto und im KZ".

Nein, sie interessiert sich wirklich. Sie möchte die Dinge für sich selbst wissen. Deswegen mag ich Judith sehr. Vor allem deswegen.

Außerdem, auch wenn sie noch so jung ist, ich finde, sie ist eine fantastische Geigerin. Ich bewundere sie. Als ich Judith das erste Mal Geige spielen hörte, habe ich geweint. Weil sie so schön spielt, weil sie direkt in mein Herz spielt. Und auch, weil ich neidisch bin. Nie werde ich mit ihr ein Duett spielen können.

Dass sie ein deutsches Mädchen ist, das interessiert mich nicht. Nationalitäten, Religionen – das ist mir alles egal. Nur wie jemand ist, ob er ein Mensch ist, ist mir wichtig.

Jetzt kenne ich Judith schon drei Jahre. Was hat sie sich verändert in der Zeit! Aus dem kleinen ist ein junges Mädchen geworden. Wie gerne würde ich ihren Weg verfolgen. Vielleicht wird mir das ja noch eine Weile geschenkt.

Manchmal sitze ich in der Straßenbahn und frage mich: wie ist das eigentlich alles gekommen – dass ich einem so jungen Mädchen ganz ohne Scheu erzähle? Wie sind wir so schnell, so tief in Verbindung geraten? Ich – der sich die Menschen doch immer auf Abstand hält. Jedenfalls war es all die vielen Jahre lang so. Wer immer meine Freundschaft gesucht hat – nach einer Weile habe ich ihn zurückgewiesen. Oder mich in ein inneres Labyrinth zurückgezogen, in das mir niemand mehr folgen konnte. Wie ist es also passiert? Vielleicht hat Judith einen ganz besonderen Charme. Vielleicht verbinden uns die Musik und die Geige auf besondere Weise. Im Grunde kann ich es nicht erklären.

Aber es ist passiert. Wir sind Freunde geworden.

O ja, ich will nicht umsonst gelebt haben wie
die meisten Menschen. Ich will den Menschen,
die um mich herum leben und mich doch nicht
kennen, Freude und Nutzen bringen. Ich will
fortleben, nach meinem Tod. Und darum bin ich
Gott so dankbar, dass er mir bei meiner Geburt
schon eine Möglichkeit mitgegeben hat, mich zu
entwickeln und zu schreiben, also alles auszu-
drücken, was in mir ist. *Anne Frank*[60]

Genua, 17. Oktober

*Wir sind für ein paar Tage nach Italien gefahren. Zu mei-
ner allerersten Geigenlehrerin, Karina. Um mein „Zehn-
jähriges" zu feiern. Zehn Jahre ist es jetzt her, dass ich
meine erste, klitzekleine Geige bekommen habe. Zehn Jahre
lang darf ich schon machen, was mir das Liebste und das
Wichtigste auf der Welt ist. Geige spielen.*

18. Oktober

*Als ich klein war, war ich ganz verrückt nach Delfinen. Ich hat-
te einen riesigen Delfin und habe sogar in Delfinbettwäsche
geschlafen. Beides habe ich später Bastian, einem Patenkind
meiner Mutter, geschenkt, als der seine delfinverrückte Phase
hatte. Ich war hinausgewachsen. Als ich Karina das erste Mal
zum Geigenunterricht in Italien besucht habe, haben wir eine
Bootstour gemacht, bei der man manchmal Wale beobachten
können soll. Heute bin ich nochmal zum Abfahrtsort des
Schiffes gegangen. Wale sind damals keine gekommen. Wohl
aber Delfine. Es war ein unglaublicher Moment. Auf einmal
schwammen zwei nebeneinander, eine Mutter und ihr Junges.*

*Sie blieben immer zusammen. Alles war richtig und sehr fried-
lich.*

*Ich musste wieder an Lisa denken. Irgendwann hat es auf-
gehört unentwegt weh zu tun. Irgendwann kam der Schmerz
seltener. Ich vermisse sie und werde sie immer vermissen. Nie
mehr wird sie mit mir auf einem Boot im Wind sitzen, vor uns
glitzernde Wellenkämme, am Horizont die sich schon rötlich
neigende Sonne.*

20. Oktober, Toskana

*Wir sind weiter gefahren, in die Toskana. Es sind ja Herbst-
ferien, hier machen wir noch eine Woche Urlaub. Heute sind
wir durch ein kleines Dorf gebummelt, auf der Suche nach
einem Eis. In der Nähe des Marktplatzes habe ich auf einmal
in einem Schaufenster hebräische Schriftzeichen gesehen. Neugierig bin ich näher gekommen, die Treppenstufen zur Laden-
tür hinuntergestiegen. Eine Glocke bimmelt und ich stehe
in einem Halbparterreladen, inmitten von Bildern. Ein älterer
Maler koloriert eine Zeichnung. Als ich ihn etwas eingeschüch-
tert grüße, lächelt er mir freundlich zu: „Signorina". Ich schaue
mich um, mein Blick fällt auf eine Judensternzeichnung. In
einem ornamentierten Kreis, berankt mit roten, grünen, gelben, blauen Blättern und goldenen Früchten, leuchtet ein
Judenstern! In seiner goldenen Mitte stehen hebräische Zeichen.*

חי

*Mein Herz schlägt schneller: was heißt das nur? Fragend schaue
ich den Maler an. „You want to know the meaning?" – „Yes,
please", nicke ich. „Chaim. Life." – „Leben."*

*Ich bin völlig verblüfft. Leben! Mitten in einem Judenstern.
Und begreife: Nicht Hitler, nicht das Verbrechen, nicht der
Tod, das Leben hat das letzte Wort! Freude schießt in mein
Herz. Schnell laufe ich nach draußen, frage, ob ich noch blei-*

ben kann. Ich darf, meine Eltern vertreiben sich die Zeit mit Espresso und Eis. Der Maler gibt mir Bleistift und Papier. Den Rest des Nachmittags zeichne ich.

Bald sehe ich Herrn Emge wieder. Das hat sich auch verändert. Seine Geschichte, die doch so sehr zu ihm gehört, rückt ein wenig in den Hintergrund. Jetzt freue ich mich einfach, ihn zu sehen, Zeit mit ihm zu haben. Es ist schön, mit ihm auch über andere Dinge zu reden.

Aber niemals werde ich seine schreckliche Angst vergessen, als wir unter dem Balkon von Amon Göth standen. Niemals seine Einsamkeit in Gross-Rosen. Und niemals meine Wut darüber, was Menschen ihm, einem Kind wie so viele andere, angetan haben. Gestern Abend habe ich noch lange in eine Decke gehüllt auf der Terrasse gesessen. Alle waren schon schlafen gegangen. Es war ganz still und sehr friedlich. So lag ich da und schaute in den sternenübersäten Nachthimmel, hing meinen Gedanken nach. Was wohl aus mir geworden wäre, hätte ich als Kind schwarz-weiße Streifenkleider und einen gelben Stern tragen müssen? Wenn ich mit angesehen hätte, wie Leichen an Galgen baumeln und Blutfontänen aus Köpfen spritzen? Wie würde ich die Welt erleben? Was würde ich an einem solchen Abend sehen? Die Sterne am Himmel – oder nur die dunkle Nacht?

Heute muss ich fast ein wenig lächeln über mich: wie hatte ich nur denken können, wenn ich jemanden treffe, der den Horror erlebt hat, könnte ich verstehen, wie es war? Seltsame Hoffnung. Dabei ist es doch schon bei ganz kleinen Dingen so, dass man sie erleben muss, um sie zu verstehen. Wie Panna Cotta schmeckt, weiß ich doch auch erst, seit ich Panna Cotta gegessen habe.

Steven Spielberg hat ja versucht, uns allen eine Vorstellung zu geben. Seitdem ich den Film gesehen habe, habe ich seine Bilder im Kopf. Aber was bedeuten sie? Herr Emge sagt: nichts.

*So sei es nicht gewesen. Nichts verstehe man, nur weil man
diesen Film gesehen habe.*

Ich habe es nicht nur einmal gehört, ich habe es
hundertmal gehört. Der Film war zwar sehr real,
aber er zeigte nur einen Bruchteil der Brutalität.
Und anschließend hieß es immer: „Aber das
konnten sie natürlich nicht zeigen: niemand
hätte das ertragen." *Elinor J. Brecher*[61]

*Was heißt das nur für das Lagerleben – wenn wir heute nicht
einmal Bilder davon ertragen wollen? Wenn wir nicht einmal
die Vorstellung, die sich doch nur in unseren Gedanken ab-
spielt, aushalten? Und was heißt es über uns?*

*Ich schaue die Welt heute anders an. Was wichtig ist und was
nicht. Wie ich leben will und wie nicht. Ich will geigen. Niemand soll mir meine Vorstellung von der Musik und wie sie
klingen soll, wegnehmen. Ich will musizieren, mit der Geige
das sagen, was ich erlebt, gefühlt, begriffen habe. Für Herrn
Emge, für Lisa, für mich. Und für alle Menschen, die mir zuhören wollen. Spielen. Von Liebe und Hass. Von Angst, Mut
und Vertrauen. Von Horror und von ermordeten Kindern.
Vom Sonnenuntergang am Meer, von Delfinen und großem
Frieden. Davon, vor Glück platzen zu können. Vom Tod, der
so plötzlich kommen kann. Vom zerbrechlichen Leben eben.*

Epilog

In einer romanischen Basilika in Köln. Auf einem hohen Renaissancelettner, prächtig verziert mit einem Relief aus weißem Kalkstein, thront die Orgel. Direkt daneben steht ein junges Mädchen und spielt Geige. Die „Thais-Meditation" von Jules Massenet erklingt. Aus der Mitte des Raumes entspringen die Töne. Gleiten herab, verweben. Werden zu leuchtenden und glitzernden Kaskaden aus Klang und Farbe und Licht, wehen durch den Raum. Die Töne berühren auf ihrem Weg zum Boden alles, was da ist. Die Klänge strecken ihre Hände aus und laden ein, mitzukommen, hinauf und hinab. Sie laden ein, auch in die Tiefe zu folgen, ihrem Wissen von Qual und Bitternis zu vertrauen und wie sie flehend, bittend hindurch zu gleiten, und mit aufzusteigen in das unendlich scheinende Gewölbe. Und wieder hinunter, um auf neuen Wegen empor zu finden. Schließlich verklingt, immer noch höher strebend, der letzte Ton.

In der ersten Reihe sitzt ein alter Mann auf einem geflochtenen Korbstuhl. Seinen Kopf hat er in den Nacken auf die hohe Lehne gelegt, zu Beginn hängt sein Blick an der Geige des Mädchens hoch über ihm. Dann fallen die Klänge durch die geschlossenen Lider. Tränen laufen über sein Gesicht. Eine große Ruhe breitet sich aus. Fast könnte es Trost sein. Lange nachdem der letzte Ton zu hören war, klatscht der alte Mann. Das Mädchen kommt die Wendeltreppe hinunter, ihr Schatten an der Wand eilt ihr voraus. Der Mädchenschatten hat Blumen in der Hand. Unten gratuliert das Mädchen dem alten Mann zum Geburtstag. 80 Jahre wird er heute. Sie überreicht die Blumen.

„Danke" flüstert er, „du hast mir eine große Freude gemacht."

Danke

Dieses Buch konnte nur mit Hilfe von sehr, sehr vielen Menschen entstehen. Allen habe ich zu danken.

Zuallererst danke ich Michael Emge. Trotz aller Erfahrung von Verrat, Demütigung, Folter, Schikanen, Bedrohung und Häme, trotz nie stattgefundener Entschuldigungen oder gar Entschädigungen, wenigstens symbolischer Art, hat Michael Emge mir, einer Deutschen, vertraut. Er hat mir seine Erinnerungen, seine Verletzungen, sein Leben anvertraut. Möge das Resultat seiner Sicht, seinem Leiden und seinem Erleben so weit gerecht werden, wie ein Buch das kann.

Das gleiche Vertrauen haben mir Judith und ihre Eltern, Silke Stapf und Wolfgang Klein-Richter, entgegengebracht. Alle drei haben freimütig und vertrauensvoll erzählt und mich immer unterstützt; in Fotoalben geblättert, mir Unterlagen zur Verfügung gestellt, Zweifel und Konflikte nicht ausgelassen. Mit mir nachgedacht, über den Holocaust, Musik und Transzendenz. Manches Gespräch war dabei, das mein Verständnis von allem Künstlerischen, Schöpferischen und seinen Bedingungen sehr vertieft hat. Judith ist sogar so weit gegangen, mir ihre Gedichte und Briefe an Lisa, ihre Freundin, die ihm Laufe unserer Zusammenarbeit tödlich verunglückte, zu überlassen. Mögen sie alle drei einverstanden sein können mit „Judiths Zwilling", wie er nun im letztlich trotz aller Fakten und Klarnamen fiktiven Tagebuch entstanden ist.

Zu danken habe ich allen Kollegen, im Radio und im Fernsehen, die an das Potential der Geschichte geglaubt haben, trotz Quotendruck und Holocaust. Ihnen allen gilt der Dank, am meisten unter ihnen aber Babette Braun, die berechtigterweise annahm, dass ich Michael Emges Geschichte zum Thema machen würde und uns bekannt gemacht hat, Stefan Quilitz, der mir unterstützend zur Seite stand, alle Ideen für Sendungen mitgetragen und durchgesetzt hat, und Martin Buchholz, der, noch einmal, das Wagnis eines Filmes über den Holocaust einging. Ohne Film keine Polenreise. Diese aber erst hat die Qualen geortet. Die Erinnerung und das Verständnis quantensprungartig vertieft.

Ich danke Hermann Schulz, dem Autor und ehemaligen Verleger, für seine Ermutigung, sein Interesse und seinen Kommentar, seinem großen Herzen und großen Hirn.

Dieses Buch gäbe es aber auch nicht, ohne dass Gabriele Hartlieb, heute freie Lektorin, die Idee dazu gehabt hätte. Schon wieder war es ihre Idee! Und sie hat hartnäckig dafür gesorgt, dass es erscheinen kann. Das können wir gerne fortführen.

Der Herder Verlag hat sich des Themas angenommen, trotz der Bedenken, ob die Leser (noch) eine Holocaustgeschichte lesen und kaufen wollen. Dank dafür, dass er das wirtschaftliche Risiko eingegangen ist und dem Projekt mit Julia Sterthoff eine ebenso engagierte wie gewissenhafte Fürsprecherin zur Seite gestellt hat.

Bücher brauchen einen Titel. Diesen hier schenkte mir einer meiner ältesten Freunde. Zusammen haben wir in den 80ern Geschichte studiert, heute ist Michael Sikora Professor für Neue Geschichte geworden. Und ein Filmliebhaber. Als wir über das Buch sprachen und über den Titel mehr spaßten als ernsthaft suchten, sagte er: „Schade, ‚Spiel mir das Lied vom Leben!' wäre perfekt – aber das geht ja leider nicht. Du schreibst ja schließlich keinen Italo-Western." Wohl kaum. Eben diesen Einwand sollte ich noch öfter zu hören bekommen. Wir haben trotzdem darüber nachgedacht. Und fanden: dieser Titel sagt, was zu sagen ist. Michael Emge stand auf Schindlers lebensrettender Liste. Judith spielte, ohne von ihm und seinem Überleben auch nur zu ahnen, „Theme From Schindlers List" von John Williams. Ein Lied vom Leben, das

Lied vom Leben in diesem speziellen Fall. Der geneigte Leser würde verstehen.

Der Ostwind sorgte im klirrenden Winter dafür, dass sich Spiekeroog unter seinem weiten, blauen Himmel mit strahlender Sonne geradezu sibirisch anfühlte. Die Frauen der Dünenklinik – eine für alle: Eleonore Lehmann – gaben mir einen Ort, diese Geschichte niederzuschreiben. Eiseskälte und prächtige Sonne: Sie waren mir bei Strandspaziergängen über gefrorene Priele, in denen sich die Sonnenstrahlen funkelnd spiegelten, Sinnbild für die beiden Pole, zu denen Menschen fähig sind: zum absolut Bösen ebenso wie dazu, den Himmel auf Erden durchscheinen zu lassen, zum Beispiel in den Klängen einer Geige. „Dafür nicht", sagen die Norddeutschen, um Dank abzuwehren. Aber mit Entschiedenheit Danke dafür!

Ernst Neulen hat angeboten, das Manuskript mit der Korrekturbrille zu lesen. Mehr als gerne habe ich das angenommen: schließlich erinnere ich, als wäre es gestern, an seine präzisen und hilfreichen Klausurkorrekturen in unserem Deutsch-Leistungskurs. Wie soll ich dafür danken? Vielleicht, indem ich mich endlich mit Zeichensetzung befasse.

Bücher zu schreiben braucht ein paar Bedingungen, Zeit und Ruhe etwa sind empfehlenswert. So ziemlich das Gegenteil dessen, was eine Familie braucht. („Mama, warum dauert das denn so lange, ein Buch zu schreiben?"). So danke ich meinen Söhnen, vor allem dem jüngeren, sehr dafür, dass sie für die Zeit, die dieses Manuskript gebraucht hat, auf mich verzichtet haben. Aber gar nicht erst anzufangen hätte ich brauchen ohne meinen Mann, Bruno. Großherzig und vorbehaltlos stand er hinter mir und übernahm noch viele meiner Familienaufgaben mit: er trug alle Dinge des Alltags, organisierte Ausflüge in die Umgebung und unterband Ausflüge in mein Arbeitszimmer.

Allen, auch allen Nichtgenannten, gleichwohl Beteiligten: Danke.

Literaturverzeichnis

Bücher, die Judith gelesen hat:

Clara **Ascher-Pinkhoff**, Sternkinder, Verlag Friederich Oetinger, Hamburg 1986

Paule **du Bouchet**, Sing, Luna, sing. Ein Mädchen erlebt das Warschauer Ghetto, Verlag Urachhaus, Stuttgart 2010

John **Boyne**, Der Junge im gestreiften Pyjama, Fischer Taschenbuch Verlag, Frankfurt 2009

Mirjam **Elias**, Geheimversteck Hotel Atlantic. Eine wahre Geschichte, Deutsch von Mirjam Pressler, Fischer Taschenbuch Verlag, Frankfurt 2008

Anne **Frank**, Tagebuch, ergänzte Ausgabe, Fischer Taschenbuch Verlag, Frankfurt 2001

Kathy **Kacer**, Die Kinder aus Theresienstadt. Mit Zeichnungen von Helga Weissová, Ravensburger Taschenbuch, Ravensburg 2003

Anita **Lasker-Wallfisch**, Ihr sollt die Wahrheit erben. Die Cellistin von Auschwitz., Erinnerungen, Rowohlt Taschenbuch Verlag, Reinbek bei Hamburg 2000

Richard **Newman**, Alma Rosé Wien 1906/Auschwitz 1944. Eine Biographie, Weidle Verlag, Bonn 2002

Sally **Nicholls**, Wie man unsterblich wird. Jede Minute zählt, Hanser Verlag, München 2008

Mirjam **Pressler**, Malka Mai, Beltz und Gelberg, Weinheim 2001

Schoschana **Rabinovici**, Dank meiner Mutter. Aus dem Hebräischen von Mirjam Pressler. Fischer Taschenbuch Verlag, Frankfurt 2005

Anne C. **Voorhoeve**, Liverpool Street, Ravensburger Buchverlag, Ravensburg 2007

Helga **Weissová**, Zeichne, was Du siehst. Erinnerungen eines Kindes aus Theresienstadt/Terezín, Wallstein Verlag, Göttingen 2008

Filme, die Judith auf DVD gesehen hat:

Christopher **Nupen**, The Wonder and the Grace of Alice Herz-Sommer. Everything is a Present, sage, saint, mavin, 2009

Steven **Spielberg**, Schindlers Liste, auf DVD seit April 2004

Videoclips, die Judith auf YouTube gefunden hat:

Brundíbar: http://www.youtube.com/watch?v=nXvFKAtTa_k

Alice **Herz-Sommer**, Trailer zu der Dokumentation „Dancing under the Gallows": http://en.gloria.tv/?media=108534

Itzhak **Perlman** spielt die Filmmusik von John **Williams** zu Schindlers Liste:
http://www.youtube.com/watch?v=ueWVV_GnRIA

Eine Website, die für Judiths Vorbereitung der Dreharbeiten in Polen sehr hilfreich und von Schülern erarbeitet wurde:
http://www.mietek-pemper.de/wiki/

Judith selbst finden Sie auch im Internet:
http://www.judithstapf.de

Literatur:

Maria Àngels **Anglada**, Die Violine von Auschwitz, Luchterhand, Frankfurt 2009

Elinor J. **Brecher**, Ich stand auf Schindlers Liste. Lebenswege der Geretteten, Bastei Lübbe, Köln 1995

Inge **Auerbach**, Ich bin ein Stern, Beltz und Gelberg, Weinheim 1990

David M. **Crowe**, Oskar Schindler. Die Biographie, Eichborn Verlag, Berlin 2005

Amelie **Fried**, Schuhhaus Pallas. Wie meine Familie sich gegen die Nazis wehrte, Carl Hanser Verlag, München 2008

Viktor E. **Frankl**, ...trotzdem Ja zum Leben sagen. Ein Psychologe erlebt das Konzentrationslager, Deutscher Taschenbuch Verlag, München 1982

Thomas **Keneally**, Schindlers Liste, Bastei Lübbe, Köln 1994

Uri **Orlev**, Die Insel in der Vogelstraße, Ravensburger Taschenbuch, Ravensburg 2000

Primo **Levi**, Ist das ein Mensch? Deutscher Taschenbuchverlag, aktualisierte Ausgabe, München 2010

Melissa **Müller**/Reinhard **Piechocki**/Alice **Herz-Sommer**, Ein Garten Eden inmitten der Hölle. Ein Jahrhundertleben, Droemer Verlag, München 2006

Stella **Müller-Madej**, Das Mädchen von der Schindler-Liste. Aufzeichnungen einer KZ- Überlebenden, Deutscher Taschenbuch Verlag, München 1998

Johannes **Sachslehner**, Der Tod ist ein Meister aus Wien. Leben und Taten des Amon Leopold Göth, Styria, Wien 2008

Leonie **Ossowski**, Stern ohne Himmel, Beltz und Gelberg, Weinheim 1978

Mietek **Pemper**, Der Rettende Weg. Schindlers Liste – die wahre Geschichte, Hoffmann und Campe, Hamburg 2005

Hans Peter **Richter**, Damals war es Friedrich, Deutscher Taschenbuch Verlag, München, 58. Auflage 2009

Emilie **Schindler**/Erika **Rosenberg**, In Schindlers Schatten, Verlag Kiepenheuer und Witsch, Köln 1997

Jorge **Semprun**/Elie **Wiesel**, Schweigen ist unmöglich. edition suhrkamp, Frankfurt/Main 1997

Elie **Wiesel**, Die Nacht zu begraben, Elischa, Ullstein, 1987

Anmerkungen

[1] Christopher Nupen, The Wonder and the Grace of Alice Herz-Sommer. Everything is a Present, sage, saint, mavin, 2009. Alice Herz-Sommer ist die älteste Holocaustüberlebende der Welt, im November 2010 wurde sie 107 Jahre alt. In Theresienstadt hat sie über 100 Konzerte gegeben.

[2] Titelmelodie zu Steven Spielbergs Film „Schindlers Liste", komponiert von John Williams.

[3] Kathy Kacer, Die Kinder aus Theresienstadt, Ravensburger, Ravensburg 2003. Das Lager Theresienstadt, circa. 60 Kilometer vor Prag, war ein Durchgangslager der Nazis in die Vernichtung nach Auschwitz, das sie „Ghetto" nannten. Zugleich nutzten die Nazis Theresienstadt aber auch als „Vorzeigelager", in dem kulturelle Veranstaltungen stattfanden. Viele Gelehrte, Musiker, Dichter, Maler und andere Künstler wurden hierhin deportiert und mussten Konzerte für die Nationalsozialisten geben und andere Kulturveranstaltungen abhalten.

[4] „Brundibár" wurde von Hans Krasa vor dem Krieg komponiert und 1941 in Prag in einem Waisenhaus aufgeführt. Hans Krasa wurde nach Theresienstadt deportiert und hat hier die Partitur neu geschrieben. Die Kinderrollen mussten immer neu besetzt werden, weil ständig Kinder ihren Befehl nach Auschwitz bekamen. Auch Hans Krasa starb in den Gaskammern von Auschwitz. Seine Kinderoper wurde 55 mal in Theresienstadt aufgeführt.

[5] Brundibár, Kinderoper aus Theresienstadt, Christophorus records.

[6] „Aktion" nannten die Nazis alle Razzien in den Ghettos: sie trieben die Bewohner der Ghettos zusammen, sie wurden erschossen, „selektiert" oder deportiert. Wer bei der Aktion im Ghetto Bochnia bleiben durfte, musste einen Ausweis haben. Alle anderen, das war die große Mehrheit, mussten um acht Uhr an der „Kaserne" sein. 600 alte und kranke Menschen wurden sofort erschossen. Am Umschlagplatz fand die Selektion statt. Ältere Menschen, Frauen und Kinder wurden mit LKW in die Nähe des Dorfes Baczkow gebracht. Alle 1.200 wurden erschossen. Die verbleibenden 5.000 wurden zum Bahnhof getrieben, wo Güterwagen warteten, um sie in die Todeslager zu bringen. Offiziell blieben nur 1.000 Juden in Bochnia.
Quellen: www.holocaustresearchproject.org/ghettos/bochnia.html und www.angelfire.com/my/heritage/ghetto_bochnia/.

[7] Das war nicht wenig Geld: von 5000 Zloty konnte eine vierköpfige Familie einen halben Monat gut leben, erinnert sich Michael Emge. Für einen Hund war es auf jeden Fall ein Vermögen.

[8] Clara Asscher-Pinkhof, Sternkinder, Oetinger, Hamburg 1986.

[9] Elie Wiesel, Die Nacht zu begraben, Elischa, Ullstein, München 1987, S. 329.

[10] Aus: Helga Wiessová, Zeichne, was du siehst. Zeichnungen eines Kindes aus Theresienstadt/Terezín, Wallstein Verlag, Göttingen 2008, S. 20.

[11] Ebd., S. 22.

[12] „Fliehen wohin? Sogar mitfühlende Polen riskierten nur selten die Sicherheit ihrer eigenen Familien, indem sie Juden versteckten. Die meisten Polen waren erfreut, wenn sie einen Juden für eine Belohnung von einem fünf Pfund schweren Sack mit Zucker oder einem gebrauchten Wintermantel dem nächsten Gestapo-Büro ausliefern konnte. Zufluchtsstätten? Jahrhundertelang predigte die polnische Kirche Hass gegen die Juden. Viele Überlebende erzählten mir, dass ihre Familien sich an Ostern nicht ins Freie trauten, weil die Priester ihre Schäfchen aufriefen, den Tod von Christus dadurch zu rächen, dass sie die Juden töteten. Sogar der polnische Untergrund war gegenüber Juden feindlich eingestellt. Mehrere Überlebende berichteten von Freunden oder Verwandten, die zum Widerstand flüchteten, nur um von ihren Genossen erschossen zu werden, sobald man sie als Juden demaskierte." Elinor J. Brecher, Ich stand auf Schindlers Liste, Lebenswege der Geretteten, Bastei Lübbe, Köln 1995, S. 27.

[13] Kapos wurden von der SS eingesetzt, sie mussten die Arbeit der KZ-Insassen überwachen. Die Kapos kamen aus allen Gruppen von Gefangenen in den Konzentrationslagern.

[14] Aus: Helga Weissová, a.A.o., S. 134. H. Weissová schreibt dazu: „In Auschwitz schlief man auf den nackten Pritschen, zehn Menschen anstelle von vieren. Für alle zehn gab es nur eine kleine Schüssel Suppe. Man aß ohne Löffel."

[15] Amon Göth war der Kommandant im Konzentrationslager Plaszów. Im März 1943 war er für die Liquidierung des Ghettos in Krakau verantwortlich. Göth ist auch als „Schlächter von Plaszów" bekannt, weil er zum Beispiel morgens, während des Frühstücks, zum Zeitvertreib Insassen erschoss, oder weil er seine beiden Doggen Ralf und Rolf aufs Töten abgerichtet hatte; immer wieder ließ er sie Menschen zerfleischen. Wenn er jemanden ermordet hatte, dann ließ er sich die Karteikarte desjenigen bringen – und seine ganze Familie wurde umgebracht.

16 Michael Emge war an diesem Tag zu dieser Zeit in der Werkstatt. Es ist ihm wichtig zu sagen, dass – anders als es im Film „Schindlers Liste" gezeigt wird – nie Scharniere in den Werkstätten hergestellt wurden.

17 Diese Szene hingegen, so Michael Emge, hat sich so zugetragen, wie sie im Film gezeigt wird.

18 Das hat sich so zugetragen, wie es im Film „Schindlers Liste" gezeigt wird.

19 Beniamino Gigli war ein italienischer Opernsänger und Filmschauspieler. In Deutschland wurde sein Vorname „Benjamino" geschrieben. Gigli galt als einer der größten Tenöre seiner Zeit.

20 Die unten angebotene Übersetzung von „A jiddische Mame" hat Michael Emge mit fogenden Worten kommentiert: „Das ist wunderschön, genau das heißt es!" Dann ist er in Tränen ausgebrochen.

21 http://www.klesmer-musik.de/jid_mame.htm

22 Anita Lasker-Wallfisch, Ihr sollt die Wahrheit erben, Die Cellistin von Auschwitz, Erinnerungen, Rowohlt Taschenbuch Verlag, Reinbek bei Hamburg 2000, S. 19 und S. 219.

23 Vgl. u. a. http://www.mietek-pemper.de/wiki/Kapitel_4_das_Lager_Krakau_Plaszów:_Amon_G%C3%B6th_und_Oskar_Schindler

24 Schoschana Rabinovici, Dank meiner Mutter, Fischer Taschenbuch Verlag, Frankfurt a. M. 2005

25 http://www.outdoorseiten.net/forum/archive/index.php/t-10650.html

26 Sally Nicholls, Wie man unsterblich wird. Jede Minute zählt, Hanser Verlag, München 2008, S. 22.

27 „Gott segne unseren Überfall!" Dokumentation von Martin Buchholz, 2003 ausgezeichnet mit dem Grimmepreis.

28 Zitiert vom Cover des Buches von Richard Newman mit Karen Kirtley: *Alma Rosé, Wien 1906/Auschwitz 1944. Eine Biographie.* Weidle Verlag, Bonn 2002

29 Vgl. Elinor J. Brecher, a.A.o.: S. 54 „,Rosners Spielleute' waren vor dem Krieg recht bekannt, sie arbeiteten in schicken Cafés und Clubs in den feinsten Städten Europas: Wien, Krakau, Berlin, Prag. Im Club Adria in Warschau. Im Moulin Rouge in Lódz. Im Kurort Zakopane während der Wintersaison. Im Sommer im berühmten Hotel Patria in Krynica."

30 Elinor J. Brecher, a.A.o., S. 48

31 Vergleiche Elinor J. Brecher, a.a.O., S. 58

[32] Offizielles Protokoll der Britischen Regierung, Prozess in Lüneburg; Ref. WO 235/14, Crown Copyright, zitiert nach: Anita Lasker-Wallfisch, a. A. o., S. 232

[33] Aus: Helga Weissová, a. A. o., S. 138. Helga Weissová nennt das Bild „Selektion" und schreibt dazu: „Gleich nach der Ankunft in Auschwitz und dann von Zeit zu Zeit immer wieder wurden Häftlinge selektiert. Jüngere und Kräftigere wurden für die Arbeit bestimmt, während die Alten, Schwächeren und viele Kinder in die Gaskammer in den Tod gehen mussten. Für Kinder unter fünfzehn Jahren gab es keine Überlebensmöglichkeit."

[34] „Everything is a present. The wonder and the grace of Alice Herz-Sommer". Ein Film von Christopher Nupen.

[35] Ebd.: „Ich bin Jüdin. Aber Beethoven ist meine Religion."

[36] Ebd.: „Ich hatte so ein wunderschönes Leben. Und das Leben ist wunderschön, die Liebe ist wunderschön, Natur und Musik sind wunderschön. Alles was wir erleben ist ein Geschenk, ein Präsent, das wir liebkosen sollten und an unsere Nächsten weiterreichen."

[37] Ebd.: „Ich hasse niemals. Hass erzeugt nur Hass."

[38] Ebd.: „Musik hat mein Leben gerettet. Und rettet es immer noch."

[39] Quelle: http://www.spiegel.de/spiegel/spiegelspecial/d-42606579.html

[40] Helga Weissová, a. A. o., S. 136: Selbstmord im Stacheldraht. Im Kommentar heißt es: „Die Zäune waren elektrisch geladen. Einige Gefangenen beendeten ihre Leiden in diesem Stacheldraht."

[41] Vgl. auch: Mietek Pemper, Der rettende Weg. Schindlers Liste, die wahre Geschichte, Hoffmann und Campe, Hamburg 2005, S. 194: „Bei der Erstellung der Liste wirkten demnach mehrere Personen mit. (…) Dabei taucht immer wieder der Name Marcel Goldberg auf, der als sogenannter Häftlingsschreiber bei Arbeitseinsatzführer SS-Hauptscharführer Franz Müller tätig war." S. a. David M. Crowe, a. a. O., S. 415: „Einige Häftlinge haben Marcel Goldberg bestochen, um auf eine der Listen zu kommen. Doch die meisten standen aus anderen Gründen darauf. Viele Plätze waren von Anfang an vergeben. Pemper erzählte mir zum Beispiel, dass Schindler zwar wenig zu tun hatte mit der Erstellung der Liste, doch er hatte Franz Müller ein paar allgemeine Richtlinien für die Auswahl der Leute gegeben, die er haben wollte."

[42] Vgl. auch Mietek Pemper, a. A. o., S. 203: „Als der Morgen dämmerte, trieb man uns in die Desinfektionsanstalt. Dort rasierten uns ukrainische Kapos alle Haare vom Körper und hatten dabei offensichtlich Freude daran, uns zu verletzen. Manche von uns litten noch

Monate später an den Wunden dieser Prozedur. Erst danach erhielten wir die übliche gestreifte Kleidung."

43 Den Transport vom Juni 1944, von dem Michael Emge erzählt, ist in den mir zugänglichen Quellen zu Schindlers Liste nicht bekannt (Anmerkung der Autorin).

44 Vgl. Mietek Pemper, a. A. o., S. 203 „Wie ich (Pemper, Anmerkung der Autorin) später hörte, tauschte er (Marcel Goldberg, Anmerkung der Autorin) selbst in Gross-Rosen noch gegen Schmuck und andere Wertsachen Menschen auf der Liste aus. Ich weiß nicht, wie er es begründet haben mag, diesen oder jenen von der Liste zu streichen und andere aufzunehmen. Da die in Plaszów erstellte Liste nicht mehr zu existieren scheint, wissen wir nicht, wie viele der siebenhundert Männer, die schließlich Brünnlitz erreichten, in letzter Minute ausgetauscht worden waren." Zu Marcel Goldberg und der Erstellung der Ursprungsliste schreibt Pemper auch (a. A. o., S. 197): „Wir konnten nicht eigenmächtig die Namen von Familienangehörigen oder Freunden hinzufügen. Vor allem Marcel Goldberg sorgte dafür, dass einige seiner eigenen Protektionskinder auf die Liste kamen. Er lebt nicht mehr, und ich möchte nichts Schlechtes über einen Verstorbenen sagen. Aber nach dem Krieg musste sich Goldberg verstecken, weil sogar der israelische Geheimdienst nach ihm suchte. Man warf ihm vor, einige Menschen aufgrund von nicht unbeachtlichen Gegenleistungen auf die Liste gesetzt zu haben. Dieser Vorwurf allein wäre schon schlimm. Doch angeblich strich er dafür andere, die bereits auf der Liste standen. Für die von der Liste entfernten Juden bedeutete Goldbergs Eigenmächtigkeit oft das Todesurteil."

45 Vgl. z. B. David M. Crowe, Oskar Schindler. Die Biographie, Eichborn Verlag, Berlin 2005, S. 374: „Nur Rüstungsproduktionen konnte als kriegswichtig gelten und das Wehrwirtschafts- und Rüstungsamt veranlassen, die Verlegung seines Betriebs bzw. eines Betriebsteils zusammen mit seinen jüdischen Arbeitern nach Brünnlitz zu unterstützen."

46 Vgl. ebd., S. 376.

47 Der Frage, wie die Männer in Brünnlitz ankamen, ist David Crowe in seiner Schindler-Biographie auch nachgegangen. Im Film kommen die Männer direkt an der Fabrik an, im Roman von Thomas Keneally, „Schindlers Liste", ist ebenfalls von einem Fußmarsch, wie ihn Michael Emge erzählt, die Rede. Bei Crowe liest sich diese Passage so: „Keiner der Schindlermänner, die ich befragt habe, sprach davon, dass sie dreizehn oder mehr Kilometer von Zwittau nach

Brünnlitz marschiert seien" (a. A. o., S. 438). Mit Michael Emge hat David Crowe nicht gesprochen.

[48] Vgl. ebd., S. 438: „Als die Männer ins Nebenlager kamen, fanden sie eine leere Fabrik ohne Schlafplätze vor. Schindler hatte 250 Waggonladungen mit Ausrüstung und Material von Emalia nach Brünnlitz geschickt, und nun standen seine neuen Arbeiter vor der Aufgabe, die Fabrik überhaupt erst aufzubauen."

[49] Alice Herz-Sommer, Everything is a present, The wonder and the grace of Alice Herz-Sommer, ein Film von Christopher Nupen.

[50] Sago ist ein stärkehaltiges Bindemittel. Es wird aus Reisabfällen hergestellt und ist „geschmacksneutral".

[51] Anne Frank, Tagebuch, ergänzte Ausgabe, Fischer Taschenbuch, Frankfurt/Main 2001, S. 238

[52] Mirjam Elias, Geheimversteck Hotel Atlantic. Eine wahre Geschichte, Fischer Taschenbuch, Frankfurt/Main 2008

[53] Jorge Semprun, Elie Wiesel, Schweigen ist unmöglich, edition Suhrkamp 1997, S. 21

[54] Viktor E. Frankl, ... trotzdem Ja zum Leben sagen. Ein Psychologe erlebt das Konzentrationslager, dtv, München 1982, S. 147.

[55] „Nach dem Krieg besserte sich nichts. Am 4. Juli 1946 (...) hackte, schoss, steinigte und schlug der aufgebrachte Pöbel in der polnischen Stadt Kielce 42 Juden zu Tode. (...) Gewalttätige, antisemitische Ausbrüche hatten bereits die Rückkehrphantasien von Tausenden von Juden zerstört. Die erschreckende Botschaft des Kielce-Pogroms trieb weitere Tausend an die nahgelegene Grenze. ‚Polen ist ein einziger riesiger Friedhof für das jüdische Volk', erzählte mir ein Überlebender." Elinor J. Brecher, a. A. o., S. 28.

[56] Aus Akten des Bundesarchivs, Prozess vor dem Landgericht Kiel, Oskar Schindlers Vernehmung vom 8. 12. 1965 in Frankfurt, für die Staatsanwaltschaft bei dem Landgericht Kiel. BArch, B 162/1972.

Aus den Akten des Bundesarchivs, Prozess vor dem Landgericht Kiel, Vernehmung vom 31. 5. 1965 in Flensburg. BArch, B 162/1971: Vernehmung von Franz Müller vor dem Landgericht Kiel, 31. Mai 1965:

„Ich weiß nur nicht, wann ich dann weiterversetzt worden bin nach Bochnia. (...) Mir wird die Beteiligung an Aktionen vorgeworfen, von denen ich überhaupt nichts weiß. (...) Mein Auftrag lautete, die Werkstätten des SS-und Polizeiführers zu übernehmen. (...) Im Februar 1944 kam ich von Bochnia weg (...) zurück nach Krakau-

Plaszow. Lagerkommandant war zunächst Hauptsturmführer Göth und danach der Hauptscharführer Schupke, wie mir jetzt wieder eingefallen ist, nachdem mir der Name Schupke vorgehalten worden ist. In Plaszow war ich Arbeiterdienstführer, d.h. ich hatte täglich einzutragen, welche Arbeitskolonnen bei welchen Firmen eingesetzt gewesen waren. In Plaszow hatte ich also eine reine Bürotätigkeit auszuführen mit Hilfe von jüdischen Schreibern. (…) In dem Verfahren vor der Spruchkammer Bielefeld hat meine Tätigkeit in Bochnia keine Rolle gespielt. Dass ich in Bochnia war, war dem Gericht damals überhaupt nicht bekannt. Ich habe es auch von mir aus nicht gesagt. Als Michael Emge das las, sagte er: „Ich weiß nicht warum, aber er sagt nicht die Wahrheit."

[57] Anita Lasker-Wallfisch, a.A.o., S. 223.

[58] Ebd.

[59] Jorge Semprun, Elie Wiesel, a.A.o., S. 19.

[60] Anne Frank, Tagebuch, ergänzte Ausgabe, Fischer Taschenbuch, 2001, S. 238 f.

[61] Elinor J. Brecher, a.A.o., S. 24.